Kohlhammer

Brennpunkt Politik

Herausgegeben von Dr. Martin Große Hüttmann, Dr. Anna Meine, Prof. Dr. Gisela Riescher, Prof. Dr. Reinhold Weber

Die Autor:innen

Prof. Dr. Gert Pickel lehrt Religionssoziologie an der Universität Leipzig. Er ist stellvertretender Sprecher des Kompetenzzentrums für Rechtsextremismus- und Demokratieforschung, Co-Leiter des Leipziger Standortes des Forschungsinstitutes Gesellschaftlicher Zusammenhalt und Mitbegründer des Arbeitskreises Demokratieforschung in der Deutschen Vereinigung für Politikwissenschaft. Er untersucht demokratische politische Kulturen und deren Stabilität sowie antidemokratische Vorurteile und Rassismen.

Prof. Dr. Susanne Pickel lehrt Vergleichende Politikwissenschaft an der Universität Duisburg-Essen. Sie ist Konsortialleiterin des BMBF-Verbundprojektes »Radikaler Islam – Radikaler Antiislam« (RIRA) und derzeit Sprecherin des Arbeitskreises Demokratieforschung der Deutschen Vereinigung für Politikwissenschaft. Ihre zentralen Forschungsthemen sind Fragen nach der Messbarkeit von Demokratie, dem Demokratieverständnis und der politischen Kulturforschung.

Gert Pickel/Susanne Pickel

Demokratie

Verlag W. Kohlhammer

Umschlagabbildung: Ausschnitt aus Marial Raysse: *High Voltage Painting* (1965).

1. Auflage 2022

Gesamtherstellung: W. Kohlhammer GmbH, Stuttgart

Print:
ISBN 978-3-17-032811-2

E-Book-Formate:
pdf: ISBN 978-3-17-032812-9
epub: ISBN 978-3-17-032813-6

Inhaltsverzeichnis

1 Einleitung: Was ist eine Demokratie und warum lohnt sich die Beschäftigung mit ihr?

Schaut man in die westlichen Medien, dann hat es den Anschein, als würde nicht nur jeder die Demokratie für sich in Anspruch nehmen, es scheint auch so, als würde eigentlich nur noch demokratisches Handeln und die Herrschaftsform der Demokratie weltweit auf eine hinreichende Legitimität bauen können. In den westlichen Demokratien will man durch den Ausbau und den verstärkten Einbezug der Zivilgesellschaft in die Politik »mehr Demokratie wagen«. Viele Autokratien in der Welt bezeichnen sich gerne als Demokratien und vermitteln ihren Bürger:innen[1] nicht selten ein politisches System als Demokratie, das tatsächlich wenig mit dieser politischen Ordnung zu tun hat. Hinter der Einstufung eines Herrschaftssystems als Demokratie liegt anscheinend eine große normative Kraft. Liest man allerdings weiter, so scheint gerade die liberale Demokratie, so wie sie die meisten Nachkriegsbürger:innen kennen, in einer lebensbedrohlichen Krise. *How Democracies Die*, fragen die amerikanischen Wissenschaftler Levitsky und Ziblatt (2018), Adam Przeworski (2019) diskutiert eine *Crisis of Democracy*, Wolfgang Merkel (2015) *Demokratie und Krise* und allenthalben wird der Siegeszug des Populismus, wie auch das Absterben der liberalen Form der Demokratie beschworen, beklagt oder gar freudig erwartet – je nach der politischen und ideologischen Position, die die Beobachter:innen einnehmen. Wie es scheint, sind die Demokratie und die

1 Ein kleiner Hinweis an dieser Stelle: Das vorliegende Buch ist konsequent unter Einbezug aller Geschlechtsidentitäten geschrieben. Dies geschieht durch den Doppelpunkt, der am stärksten inklusiv und zudem barrierefrei ist. Wird allein die männliche Form verwendet, geschieht dies bewusst, da hier in der Tat allein von Männern gesprochen wird. Diese Exklusion findet sich z. B. als erstes in der attischen »Demokratie«.

Haltung der Bürger:innen zu ihr seit dem Jahrtausendwechsel in Bewegung. Gleichzeitig ist das Interesse der Politikwissenschaft an der Demokratie und ihren institutionellen, strukturellen wie kulturellen Bestandteilen ungebrochen. Veranstaltungen, Vorlesungen und Seminare, die sich mit der Demokratie beschäftigen, sind in Deutschland wie in anderen Ländern der Welt in den universitären Lehrplänen zu finden und bereichern den Alltag politikwissenschaftlicher Fachkultur und außeruniversitärer Weiterbildung.

Doch was ist eigentlich eine Demokratie? Was macht sie aus? Wann ist eine Demokratie eine Demokratie – und wann nur eine Fassadendemokratie, elektorale Autokratie oder ein hybrides Regime? Welche Grundprinzipien muss sie erfüllen, um zu Recht als Demokratie zu gelten? Welche Formen kann sie annehmen – und immer noch Demokratie sein? Welche Defizite berechtigen, eine Demokratie noch als defekte Demokratie einzustufen – und welche machen sie zur Autokratie? Welche Vorstellungen von Demokratie sind möglich? Wie sehen Demokratien in der Neuzeit aus? Welche Bestandteile besitzen Demokratien? Was denken die Bürger:innen über Demokratie? Wann ist eine Demokratie ein stabiles Herrschaftssystem und wann ist sie in ihrem Bestand gefährdet? All diese Fragen sind aus unserer Sicht zu behandeln, will man sich mit Demokratie und Demokratien auseinandersetzen. Nicht alle können wir im vorliegenden Buch behandeln, allerdings zumindest eines Teils möchten wir uns annehmen. Speziell werden wir uns der Entstehungsgeschichte der Demokratie, ihrer Positionierung zu anderen Herrschaftsformen, ihren Organisationsformen und dem Verständnis der Bürger:innen von Demokratie widmen sowie der Frage nachgehen, wie man ihre Qualität bestimmt.

Dies erfordert Kenntnisse über Demokratietheorie (z. B. Brodocz/Schaal 2009; 2016; Lemcke et al. 2012; 2016; Münkler/Straßenberger 2016; Pelinka 2004: 175–222; Schaal/Heidenreich 2016; Schmidt 2019) *und* über das gegenwärtige Funktionieren von Demokratien (z. B. Brodocz et al. 2008; Lauth 2004; Mounk 2016; Przeworski 2019; Schubert/Weiss 2016). Es gilt also ein Phänomen zu bestimmen und dann in seinen Facetten zu beschreiben. Genau hierfür wollen wir in diesem Buch Vorschläge und Grundlagen unterbreiten. Kurz gesagt, geht es uns um die Frage: Was macht eine Demokratie aus? Kompetenzen zur Beantwortung dieser Frage zu erwerben, ist aus unserer Sicht insbesondere für Studierende der Politikwissenschaften von unabdingbarer Bedeutung. Entsprechend sollen im vorliegenden Buch in kurzer und prägnanter Form die Definition von Demokratie geleistet, die wichtigsten Demokratietheorien vorgestellt und die relevantesten Erscheinungsformen real existierender Demokratien behandelt werden. Das Buch stellt übersichtlich und unter Verwendung von Schemata und empirischen Beispielen die Herrschaftsform Demokratie in ihren gegenwärtigen Facetten und ihren normativen Ansprüchen dar. Aus Platzgründen wurde im vorliegenden Buch auf die ebenfalls wichtige Bedeutung der Bürger:innen für und ihre Stellung in der Demokratie teilweise verzichtet. Aktuelle Debatten zu Postdemokratie, Politikverdrossenheit und Populismus werden an anderer Stelle, in einem eigenen Buch zur Bedeutung des Bürgers in der Demokratie in naher Zukunft (ebenfalls im Kohlhammer Verlag) behandelt werden. Im vorliegenden Buch liegt der Fokus auf der institutionellen Erscheinungsform der Demokratie, dem, was die Bürger:innen unter Demokratie verstehen, und der Frage, wie demokratisch Demokratien wirklich sind. Letzteres impliziert die Messbarkeit von Demokratie mithilfe empirischer Methoden. Speziell dort unterscheidet sich das vorliegende Buch von weiteren – guten – Einführungsbüchern, die oft der demokratietheoretischen Seite den Vorrang einräumen (siehe Salzborn 2012; Schmidt 2019; Vorländer 2010). Aufgrund der angestrebten Kompaktheit des Buches haben wir uns deshalb entschieden, auf frühzeitliche Entwicklungen, wie z. B. in der griechischen Antike, und eine breite Explikation der Vertragstheorie zu verzichten, die in anderen Werken bereits ausführlich dargestellt werden (Becker/Schmidt/Zintl 2017; Münkler/Straßberger 2016; Schwaabe 2018; Vorländer 2010).

Das Buch ist konzipiert als kompaktes Basiswerk für verschiedene Lehrveranstaltungen. Es kann aber vor allem als knappes Referenzwerk für eine zentrale Basisveranstaltung über Demokratie verwendet werden. Zielpublikum sind insbesondere Bachelor-Studierende der Politikwissenschaft sowie Lehramtsstudierende, insbesondere in den Gebieten »Politisches System der Bundesrepublik Deutschland« und »Vergleichende Politikwissenschaft«. Unser Buch soll sie in die Lage versetzen, mithilfe der erworbenen Kenntnisse eigenständig Fragestellungen zum Thema Demokratie zu erarbeiten und zu bearbeiten. Dabei danken wir unseren vielen Studierenden der letzten Jahrzehnte, die uns in Lehrveranstaltungen an der Universität Greifswald, der Europa-Universität Frankfurt (Oder), der Universität Leipzig und der Universität Duisburg-Essen nützliche Hinweise und Erkenntnisse hinsichtlich einer Gestaltung und Darstellung dieses Buches gegeben haben, sei es beabsichtigt oder unbeabsichtigt. Ebenfalls danken wir Franz Beensen und Julius Alves sowie den Herausgeber:innen für ihr akribisches Korrekturlesen der Arbeit und die hilfreichen Rückfragen an verschiedenen Stellen des Textes.

Weiterführende Literatur

Becker, Michael/Schmidt, Johannes/Zintl, Reinhard (2017): *Politische Philosophie.* Paderborn: Schöningh.

Brodocz, Andre/Schaal, Gary (2016): *Politische Theorien der Gegenwart I.* Opladen: Barbara Budrich (4. Aufl.).

Münkler, Herfried/Straßenberger, Grit (2016): *Politische Theorie und Ideengeschichte. Eine Einführung.* München: Beck.

Salzborn, Samuel (2012): *Demokratie. Theorien, Formen, Entwicklungen.* Baden-Baden: Nomos.

Schmidt, Manfred (2019): *Demokratietheorien.* Wiesbaden: Springer VS (6. Aufl.).

Schwaabe, Christian (2018): *Politische Theorie. Von Platon bis zur Postmoderne.* Leiden: Brill (4. Aufl.).

Vorländer, Hans (2010): *Demokratie.* München: Beck.

2 Demokratietheorien der Gegenwart

2.1 Erste Verortungen von Demokratie

Der Ausgangspunkt der Auseinandersetzung mit Demokratie liegt in der griechischen Antike. Eine erste Thematisierung findet sich bei Herodot. Platon und Aristoteles haben den Begriff »Demokratie« als erste der griechischen Philosophen eingeführt und können als Urväter des Demokratiekonzeptes angesehen werden. *Demokratia* war im Denken der antiken Griechen eine Herrschaftsform oder Staatsverfassung unter mehreren möglichen Herrschaftsformen oder Staatsverfassungen (Schmidt 2019: 2). Sie wies in der Polis von Athen dem Volk (*demos*) die direkte und unmittelbar auszuübende Macht (*kratos*) und das Recht der Gesetzgebung zu (s. a. Vorländer 2010: 14). Zentral für die Partizipation an der attischen Demokratie waren die Volksversammlungen. Volksversammlungen sicherten dem »demos«, oder besser gesagt den freien (männlichen) Bürgern, Einfluss auf den Staat.

Gleichwohl war der »Ruf« der Staatsform Demokratie in damaligen Zeiten nicht der Beste. Sie wurde von nicht wenigen Intellektuellen eher als eine Degeneration, denn als legitime Form einer angemessenen Herrschaft angesehen. Die Herrschaft des Volkes galt eher als Machtausübung des ungebildeten Pöbels. Nicht die dafür qualifizierten Intellektuellen und Denker oder Politiker, sondern unwissender Plebs wolle da an die Macht – so einige Einschätzungen. Von Aristoteles wurde sie dann auch in der ersten Staatsformenlehre als verfehlte Variante der Beteiligung Vieler angesehen (Schmidt 2019: 16). Sein Idealbild einer (guten) Verfassung ist die *Politie*, die in ihren Grundüberlegungen am ehesten den heutigen Standards einer Demokratie entspricht. Ihr kommen die Aristokratie oder die Monarchie mit einer am Gemeinwohl orientierten Herrschaft noch am nächsten. Die begrenzte Akzeptanz von Aristoteles für die Demokratie als Staatsverfassung beruht auf dem historisch bedingten Verständnis, dass die Bürger mit Wohlstand (die Tüchtigen) zur Herrschaft auserwählt sind und keine Benachteiligung erfahren sollten gegenüber dem wenig für die Herrschaft geeigneten Plebs.

Diese Ausschlussregeln gegenüber Minderheiten und sozialen Gruppen der attischen Demokratie sind mit dem modernen Verständnis der Beteiligung und von Gleichheit kaum zu vereinbaren. Selbst wenn also die griechische Demokratie als historischer Ursprung der modernen Demokratie gelten darf, bedeutet dies nicht, dass sie als Vorbild verstanden werden kann bzw. von modernen Demokratien und Demokratietheoretiker:innen als Vorbild verstanden wird. Sie etablierte aber den Begriff der Demokratie, der Volksherrschaft, als eine Form staatlicher Organisation.

Politiktheoretische Auseinandersetzungen in der Neuzeit konzentrierten sich verstärkt auf die Regelung des Verhältnisses zwischen dem Staat, den Herrscher:innen und den Bürger:innen. Die Herrschaft wurde nicht mehr als gottgegeben oder biologisch vererbt angesehen, sondern als etwas, was zwischen Bürger:innen und Herrscher:innen durch Vereinbarungen mit unterschiedlichen Rechten und Pflichten geregelt wurde. Die britischen Theoretiker *Thomas Hobbes* und *John Locke* unterbreiteten ausführliche Theorien zu einem *Vertrag* zwischen Bürger:innen (beziehungsweise Volk) und Herrschenden und *Jean-Jacques Rousseau* sprach von einem *Contract Social* (»Vom Gesellschaftsvertrag«) (Salzborn 2012: 30). In ihrem Menschenbild des:r Bürger:in als vernunftbegabtes Wesen folgten sie den Überlegungen der Aufklärung und gaben einer säkular zu legitimierenden politischen Struktur den Vorrang gegenüber der sich auf Tradition oder Gottesgnadentum stützenden politischen Struktur. Überhaupt kam den Begriffen Legitimität und Legitimation eine nun immer stärkere Bedeutung zu. Nicht, dass die vorangegangenen Herrscher:innen nicht über eine Legitimation verfügten. Diese gründete aber weitgehend auf ihrer göttliche Auserwähltheit und der Tradition, gelegentlich auf Charisma. Nach den Vertragstheoretikern sollte die einzig gültige Legitimation diejenige sein, welche auf der Zustimmung der

Herrschaftsunterworfenen beruht.[2] Dabei schwankte das Menschenbild zwischen den verschiedenen Ansätzen von mündigen Bürger:innen bis zum Menschen als »des Menschen Wolf« beachtlich.

Führten die Diskussionen der Vertragstheoretiker zu einer Verschiebung der Legitimation, waren konkrete Umsetzungen im Gemeinwesen noch weitgehend undurchdacht. Die teils chaotischen Verhältnisse in der Französischen Revolution können als Beispiel für die Suchbewegungen mit Blick auf eine tragfähige und stabile Umsetzung von Demokratie dienen. Zuerst ging es um die Ablösung der absoluten Herrschaft und den Zugang der Bürger:innen zur Macht, erst dann um die Organisation, wie diese nun gewonnene Macht im Sinne der Bürger:innen ausgeübt werden solle. Die Aufgabe, solche Verfahrensregeln auszuarbeiten, stellte sich zuerst in den Vereinigten Staaten. Ausgehend von einer Neukonzeption eines heterogenen Staatengebildes, das sich zudem aus einer nicht geringen Zahl an politischen Flüchtlingen zusammensetzte, wurden Ideen aus Frankreich und anderen Gebieten der Welt zu einem Ordnungssystem zusammengefügt, das möglichst viele Freiheiten garantieren sollte. Neben der *Virginia Declaration of Rights* (1776) war es die amerikanische Unabhängigkeitserklärung (1776), die im Zusammenspiel mit der später verabschiedeten amerikanischen Verfassung (1787) Maßstäbe setzte. Eine zentrale Kontroverse drehte sich um die Umsetzbarkeit der Mitbestimmung der Bürger:innen. Während eine Seite (die *Anti-Federalists*) auf die Problematik verwies, dass Bürgerbeteiligung eigentlich nur in Gebieten mit einer begrenzten Größe (Jörke 2019) möglich sei, argumentierte die andere Seite (die *Federalists*) in Richtung eines stärkeren Staates. Dem Argument, der Volkswille sei in einem so großräumigen Gebiet kaum bis gar nicht abzubilden, begegnen sie durch ihr System der *checks and balances*, das bis heute eine zentrale Rolle für die sich entwickelnden Massendemokratien spielt.

In den *Federalist Papers* (1776) wurde – ausgehend von einem Menschenbild, in dem man das Konkurrenz- und Gruppendenken (man sprach von *Faktionen*) als natürlich ansah – die Idee einer repräsentati-

---

2 Die hier verwendete Differenzierung von Legitimität und ihren Quellen findet sich bei Max Weber (1972) wieder, war aber im Grundgedanken bereits bei den Vertragstheoretikern angelegt.

ven liberalen Demokratie entwickelt. »Liberal« wird hier vor allem im Sinne der Wirksamkeit der Stimme der einzelnen Bürger:innen verstanden. Die Entscheidungen sollte nicht, wie bei Rousseau, ein teilweise identitär gedachtes Gemeinwesen oder eine Gemeinschaft treffen. Vielmehr sollte ein komplexes System von wechselseitigen Verschränkungen auf der Institutionenebene einer Vielstimmigkeit der Bürger:innen Raum geben. Die Pluralität der Bürgerschaft sollte in der Herrschaft ihren Ausdruck finden, ohne dass das Land unregierbar werde. Diesen Zweck erfüllt aus Sicht der *Federalists* die Bündelung von Bürgerinteressen über die Wahl von Parteien und Abgeordneten und die eingeführten Kontrollmechanismen der Gewaltenteilung zwischen Legislative, Exekutive und Judikative. Dies drückte sich in starken föderalen Rechten, Kompetenzaufteilung sowie einer unabhängigen Judikative aus. Zusammengefasst kann in den USA von der Geburt der heute noch dominanten Form der repräsentativen Demokratie gesprochen werden. Der Übergang zur repräsentativen Demokratie sowie die Einführung institutioneller Mechanismen zum Schutz der Bürger:innen (Kontrollmechanismen, Gewaltenteilung) kennzeichnen diese Phase der Demokratieentwicklung.

An dieser Stelle kann man an die Gettysburg-Ansprache (*Gettysburg Address*) von *Abraham Lincoln* (1809–1865) anschließen, die für ein liberales, repräsentatives Verständnis von Demokratie wichtig ist. Sie sieht Demokratie als politisches Herrschaftssystem an, das *of, by and for the people* wirkt. Obwohl Lincolns Blick auf die Vereinigten Staaten gerichtet und er vor allem darauf bedacht war, deren Einheit nach dem dort erst kurz vor der Ansprache beendeten Bürgerkrieg wiederherzustellen, bestimmte er in dieser Rede in markanter Weise die zentralen Funktionen einer Demokratie, wie wir sie heute kennen.

> »It is rather for us, the living, we here be dedicated to the great task remaining before us – that, from these honored dead we take increased devotion to that cause for which they here, gave the last full measure of devotion – that we here highly resolve these dead shall not have died in vain; that the nation, shall have a new birth of freedom, and that government of the people by the people for the people, shall not perish from the earth.« (Lincoln, *Gettysburg Address*, Library of Congress 2020)

Wie diese Funktionen erfüllt werden und wie das Verhältnis zwischen Herrschaftssystem und Volk gestaltet werden sollte, ist – in Teilen bis heute – unter Politiker:innen wie Demokratietheoretiker:innen umstritten. Sehen die einen die Priorität des *For*, und beurteilen die Qualität der Herrschaft anhand ihrer Leistung für die Gesellschaft und die Bürger:innen, rücken andere Zugänge das *Of* und speziell das *By* in den Vordergrund.

Außerhalb der USA führten allerdings »erst die Wahlrechts- und Parlamentsreformen des 19. und 20. Jahrhunderts zur vollen *Parlamentarisierung* der konstitutionellen Monarchie und zur Demokratisierung des Parlamentes« (Vorländer 2010: 68). Zusammen mit der Etablierung eines *responsible government* (Vorländer 2010: 69), also eines Parlamentes, das als echte Volksvertretung agierte, entwickelte sich der Eindruck, dass das Volk sehr wohl in der Lage sei, sich selbst zu regieren. Da die Machtfülle individueller Herrscherfamilien nun faktisch Stück für Stück gebrochen wurde, gab es belastbare Indizien für eine solche Wahrnehmung. Mit dem wachsenden Einfluss der Bürger:innen kam es zu einer Weiterentwicklung im Demokratieverständnis. Dafür spielten normative Überlegungen eine bedeutende Rolle.

2.2 Liberal, sozialistisch, republikanisch? Demokratierichtungen im Widerstreit

Im Rahmen der Grundprämisse der Demokratie, einer Herrschaft des Volkes für das Volk, haben sich verschiedene moderne Formen von Demokratie ausgebildet. Diese unterscheiden sich im prozeduralen Verständnis von Demokratie, das je nach politischer bzw. ideologischer Richtung grundsätzlich anders ausfällt (▶ Tab. 2.1). Das heute am weitesten verbreitete Konzept ist die *liberale Demokratie*, die in der öffentlichen Diskussion oft mit Demokratie an sich gleichgesetzt wird. Es beruht in seiner Entwicklungsgenese stark auf dem Vorbild der US-amerikanischen Entwicklung. Die liberale Demokratie setzt ihren zentralen Schwerpunkt auf den Aspekt der individuellen Freiheit. So sollen die Bürger:innen in einer liberalen Demokratie in der Lage sein, ihre Wünsche in der Weise zu erfüllen, wie sie sich dies vorstellen. Allein die Rechte anderer Individuen und Bürger:innen schränken die eigenen Freiheitsrechte ein. Vor allem wird auf Aushandlungsprozesse eines Interessenpluralismus in einem Konkurrenzsystem gesetzt. Überhaupt sind Pluralismus und liberale Demokratie stark verzahnt. Der Pluralismus gewährt den unterschiedlichen Individuen die notwendige Freiheit, ihre Pluralität auszuleben. Es ist die Bündelung von pluralistischen Haltungen, die eine liberale Demokratie funktionsfähig macht. Der Staat ist in diesem Fall Diener der Bürger:innen und versucht, über Interessensausgleich und als Schutzinstitution der Rechte der Bürger:innen ihre Einzelinteressen gegeneinander abzuwägen. Dies impliziert zumeist eine freie Marktwirtschaft als dazu passendes Wirtschaftssystem. Auch hier setzt man auf Konkurrenz und Pluralität. In der liberalen Demokratie sind die Kontrolle der Herrschaft und der Schutz der Einzelinteressen von hoher Bedeutung. Speziell eine Rechtsstaatlichkeit, welche die Individualrechte schützt, muss vorhanden sein. Entsprechend wird in diesem Zusammenhang gerne vom demokratischen Rechtsstaat oder einer rechtsstaatlichen Demokratie gesprochen.

Diese Ausrichtung der liberalen Demokratie ist bereits stark dem Konzept der repräsentativen Demokratie verhaftet und stellt die Individuen und Bürger:innen ins Zentrum.

Erste demokratische Bewegungen, z. B. in der Französischen Revolution, gingen allerdings über den bloßen Anspruch auf Repräsentation hinaus und forderten eine quasi unbegrenzte Souveränität des Volkes im Sinne einer Volksherrschaft. Zum Beispiel präferierte die demokratische Partei in der Paulskirchenversammlung (Vorländer 2010: 77) dieses Modell der *Volksdemokratie*. Es sollte keine Einzelperson bzw. ausgewählte Gruppe, sondern immer der Volkswille die politischen Entscheidungen treffen. Dabei geht man davon aus, dass erstens sich das Volk immer auf die richtige Entscheidung einigen kann und zweitens keine spezifischen Einzelinteressen der Bürger:innen im Volk bestehen. Demgegenüber geht das liberale Modell von starken Einzelinteressen aus, welche allerdings gebündelt und in einen Aushandlungsprozess gebracht werden können – und zudem Kontrolle benötigen. In der Volksdemokratie ist der demokratische Staat entsprechend immer nur ein kontrollierter und eingehegter Souverän in Vertretung des Volkes. Er setzt den

Tab. 2.1: Normative Ausprägungen der Demokratie

Ausrichtung der Demokratie	Prämisse	Dominanter Aspekt
Liberale Demokratie	Vorrang der Individualrechte und deren Schutz durch einen Rechtsstaat	Individuelle Freiheit
Volksdemokratie	Zentrale Bestimmung aller Entscheidungen direkt durch das Volk mit unbegrenzter Befugnis, Staat nur als ausführendes Organ	Volkssouveränität
Sozialistische Demokratie	Vorrang des Rechtes auf Gleichheit gegenüber Individualrechten und Rechten auf Eigentum	Gleichheit
Republikanische Demokratie	Vorrang bürgerlicher Beteiligung und von Individualrechten in einem kollektiv durch tugendhafte Bürger:innen lenkbaren Staat	Partizipation

Quelle: Eigene Zusammenstellung.

Volkswillen um. Dieses auf einer kompletten Volkssouveränität beruhende identitäre Modell von Herrschaft ist allerdings zwischenzeitlich auch unter Kritik geraten. Immer noch und immer wieder gibt es Staaten, die sich auf den einen Volkswillen berufen und sich dabei selbst als Demokratien bezeichnen. Jedoch schränken diese Staaten die individuellen Freiheitsrechte oft so stark ein, dass man sie nicht mehr als Demokratien, sondern eher als Autokratien bezeichnen sollte. Dies markiert die Problemseite der Volksdemokratien: ihre starke Ausrichtung auf ein einziges (und angeblich von allen geteiltes) kollektives Gemeinwohl.[3] Um dies zu finden, etablieren sich nicht selten individuelle Pro-

3 In seiner schärfsten Ausprägung wird der Gedanke der Volksgemeinschaft zum dominanten Begriff der Rechtfertigung eines Systems, so z. B. geschehen im Nationalsozialismus, aber auch in anderen Autokratien des letzten Jahrhunderts. Hier wird sich gelegentlich der Anstrich von Demokratie gegeben, oft aber diese bewusst und vor allem in ihrer liberalen und pluralistischen Form abgelehnt. Denn bei einem gemeinsamen Volkswillen, kann es keinen Pluralismus geben.

phet:innen, welche in der Lage sind, dieses kollektive Moment zu bestimmen und dann gegen Widerstand durchzusetzen.

Doch wie geht man in der liberalen Demokratie mit dem Volkswillen um? Da der Wille der Individuen unterschiedlich sein kann, stützt man sich zumeist auf Entscheidungen nach dem Mehrheitsprinzip, um den »Volkswillen« zu ermitteln. Durch Kontrollmechanismen und Vetorechte wird zugleich versucht, Minderheiten vor einer zu starken Beeinträchtigung durch die Mehrheitsinteressen zu schützen. Gleichwohl entsteht so eine Konkurrenz um die Durchsetzung von Interessen. So beschreibt z. B. Dieter Fuchs (2002) die liberale Demokratie als ein Herrschaftsmodell, in dem das Verhalten zu anderen Gesellschaftsmitgliedern durch Wettbewerb und Konkurrenz geprägt ist, aber gleichzeitig der Staat die Verantwortung für das Leben der Bürger:innen trägt. Gibt der Staat diese grundsätzliche Verantwortung (z. B. für eine Grundversorgung an sozialen Gütern, Sicherheit und Schutz) auf und verweist sie in die Hände der Individuen, dann hat man es mit dem Modell eines *libertären Staates* zu tun. In diesem wird der Staat zum »Nachtwächterstaat«, der den Individuen den größtmöglichen Freiraum gewährt und allein die rudimentären Grundbedingungen für ein kompetitives Mit- und Gegeneinander bereitstellt. Einfach gesagt: Der Staat vermeidet das Chaos, lässt und überlässt aber jede Person ihrem Schicksal und ihren Möglichkeiten. Es erfolgen kein Ausgleich, keine Umverteilung und keine Schutzmaßnahmen für Personen, die in Notlagen geraten. Die Verantwortung für das Lebensschicksal wird dem Individuum zugewiesen. Es trägt alle Risiken, kann aber auch ohne Einschränkungen seinen Nutzen suchen und finden. Ergebnis eines solchen Demokratieverständnisses, das den Aspekt der Freiheit quasi absolut setzt, allerdings den der Gleichheit quasi abschafft, sind hochgradig sozial ungleiche Gesellschaften.

Diesem Modell steht diametral die Konzeption einer *sozialistischen Demokratie* gegenüber. Die sozialistische Demokratie weist eine starke Volkssouveränität wie in den frühen demokratischen Bewegungen auf. Steht in der libertären und (etwas eingerahmter) in der liberalen Demokratie die individuelle Freiheit im Vordergrund des Wertekanons, wird in der sozialistischen Demokratie der Aspekt der Gleichheit in das Zentrum der zu erfüllenden Funktionen des Staates gerückt. Zentral für ein sozialistisches Demokratiemodell ist die Organisation von Ressourcen-

Tab. 2.2: (Idealtypische) Ordnungsmodell der Demokratie nach Dieter Fuchs

		Verantwortlich für das eigene Lebensschicksal	
		Selbst	**Staat**
Verhalten zu anderen	**Wettbewerb (Konkurrenz)**	libertär	liberal
	Solidarität (Kooperation)	republikanisch	sozialistisch

Quelle: Fuchs 2002.

Umverteilung und dadurch der Ausgleich von entstandener sozialer Ungleichheit, die heute Industriegesellschaften und postindustrielle Gesellschaften kennzeichnet. Diese Umverteilung erfolgt zulasten persönlicher Besitzrechte, was oft zu einem Gegensatz zwischen dem Modell einer liberalen Demokratie und dem einer sozialistischen Demokratie bzw. deren Vertreter:innen führt. Für die Umverteilung ist weitgehend der Staat verantwortlich. Er soll Gleichheit und Solidarität (nach Fuchs 2002) gewährleisten. Rechtsstaatliche Prinzipien und individuelle Freiheiten bleiben auch in der sozialistischen Demokratie erhalten, allein bei der Verteilung der Ressourcen greift der Staat lenkend ein. Referiert man auf die für eine Demokratie zentralen Komponenten der Kontrolle, Freiheit und Gleichheit, dann dominiert die Gleichheit diese Demokratievorstellung. Dieses Demokratiemodell vertreten traditionell sozialdemokratische Parteien, heute allerdings mit einer abgeschwächten Relevanz. Ein Grund für diese Abschwächung liegt im wirtschaftlichen Erfolg der liberalen, marktwirtschaftlichen Demokratie und in der Entwicklung der sozialistischen Ideologie, weg von einer demokratischen Ausrichtung hin zu einer totalitären Umsetzung im real existierenden Sozialismus. Speziell die Verweigerung von individuellen Freiheitsrechten und von unabhängigen Kontrollinstanzen diskreditierte nach 1945 ein umfassendes sozialistisches Demokratiemodell als reale Herrschaftsform. Die faktische Nichtumsetzung der rhetorisch betonten Volkssouveränität durch eine von kleinen Gruppen zentralistisch geführte Herrschaft brachte die sozialistische Demokratiekonzeption nachhaltig in Misskredit. Durch die Etablierung von Führungskadern und die Aussetzung freier und fairer

Entscheidungsfindung über die Repräsentanten der Bürger:innen unterliefen die Herrscher:innen die demokratischen Minimalanforderungen und machten den daraus resultierenden Sozialismus faktisch zum zentralen Gegenmodell der liberalen Demokratie. Entsprechend gelingt es zwar oft, Gleichheits- und Ausgleichaspekte in liberalen Demokratien zu etablieren, sobald diese aber größeren Raum beanspruchen und potentiell stärkere Einschnitte in die persönlichen Freiheiten mit sich bringen könnten, geraten sie unter Verdacht eines antidemokratischen Impetus.

Diesen sozialistischen Ordnungssystemen, welche keine Herrschaft *durch* die Bürger:innen, sondern *für* die Bürger:innen anstreben, stehen Konzepte der partizipativen Selbstbestimmung entgegen. Bereits früh entwickelte sich der *Republikanismus* als Gegensatz zu absoluten und konstitutionellen Monarchien (Llanque 2003; Richter 2004). Er zielt auf das Gemeinwohl, sieht aber eine aktive Gestaltung der Demokratie durch die (tugendhaften) Bürger:innen als erstrebenswert an. Entsprechend sind aus Sicht einer republikanischen Demokratie absolutistische Herrscher:innen überflüssig. Anders als in der liberalen Demokratie kommt es in der *republikanischen Demokratie* nicht zur Konkurrenz von Individuen und Gruppen um Ressourcen und politische Macht, sondern die Entscheidungen werden im politischen Raum zwischen allen Akteuren (im besten Fall gleichrangig) ausgehandelt. Die für liberale Demokratien übliche Repräsentativität, speziell die Reduktion der Mitbestimmung auf Wahlen, lehnen Anhänger:innen des republikanischen Modells ab. Sie wollen weitreichende Mitbestimmungsformen für alle Bürger:innen. Wie auch Bestandteile der sozialistischen Demokratie wurden Elemente des republikanischen Modells in den meisten liberalen Demokratien integriert. Vor allem wurde der Gedanke der Mitbestimmung auf verschiedene Felder des Lebens erweitert und durch Verfahren der Beteiligung der Bürger:innen ausgeweitet. Heute knüpfen deliberative Modelle und Forderungen nach mehr Bürgerbeteiligung an republikanische Überlegungen an.[4] Die Schwäche republikanischen Denkens wird

4 Deliberative Demokratiemodelle setzen auf den weitreichenden Einbezug der Bürger:innen in öffentliche Diskurse und Entscheidungsprozesse. Dabei wird auf die Konzepte Vernunft, Aushandlung und Bürgerbeteiligung gesetzt.

oft in einem zu positiven Menschenbild oder mangelnder Effizienz gesehen. Anders als das schnell in Richtung Autokratie neigende Modell der Volksdemokratie unterliegen republikanische Demokratieüberlegungen dem Vorwurf der Nichtumsetzbarkeit aufgrund einer mangelnden Effektivität und eines großen Aufwandes. Umstritten bleibt das positive Menschenbild der informierten, rationalen Bürger:innen. So hält man es für problematisch, langfristig angelegte parlamentarische Prozesse durch situative Entscheidungen (z. B. durch Volksabstimmungen) zu ersetzen, weil diese sich temporär leichter beeinflussen lassen/ließen. Als plakatives Beispiel gilt die Abstimmung hinsichtlich der Einführung der Todesstrafe. Kommt es gerade an dem Wochenende der Abstimmung zu einem medial beachteten Ereignis (z. B. Ermordung eines Kleinkindes), dann könnten Emotionen zu für eine Demokratie höchst fragwürdigen Entscheidungen führen.

Faktisch gilt für alle Demokratiemodelle die Einschränkung, dass sie nur dann als wirklich demokratisch einzuschätzen sind, wenn sie neben ihrem dominanten Ziel auch die anderen Zielvorgaben einer Demokratie erfüllen. Nur wenn neben individueller Freiheit auch Gleichheit, Partizipation und Kontrolle berücksichtigt werden, kann man von einer liberalen *Demokratie* sprechen. Gleiches gilt für die sozialistische Demokratie. Sie mag ihren Schwerpunkt auf Gleichheit setzen, darf dabei aber die individuellen Freiheitsrechte oder Kontrollmöglichkeiten nicht grundsätzlich einschränken. So wie alle Rechte gewährt bleiben müssen, ist die Umsetzung von Gleichheit und Kontrolle allerdings variabel. Dass eine Überschreitung dieser Grundbedingung möglich ist, zeigt der jahrzehntelange ideologische und Systemgegensatz zwischen dem Sozialismus als unvollendeter Form des Kommunismus und der (kapitalistisch ausgerichteten) liberalen Demokratie in Europa oder in anderen Gebieten der Welt. Während der Aspekt der Gleichheit in realsozialistischen Systemen nur durch eine autoritäre Führung für das Volk umsetzbar erschien, war auf der anderen Seite die reale liberale Demokratie nicht grundsätzlich vor autoritären Avancen auf dem Gebiet der Kontrolle gefeit. Dabei soll durch diese Hinweise nicht die Legitimität entsprechender Auseinandersetzung um die »richtige« Gewichtung der unterschiedlichen Aspekte von Demokratie bestritten werden, nur die Gefahr einer zu starken Dominanz eines ideologischen Zugriffs für die

Existenz einer Demokratie herausgestellt werden. Außerdem können Gewichtungen sich in Reaktion auf die Umwelt- und Gesellschaftsverhältnisse ändern.

Selbst wenn mittlerweile, nach 1989, diese Systemauseinandersetzung als entschieden – und lange Zeit als »Ende der Geschichte« (Fukuyama 1992) – betrachtet wurde und wird, verbleibt doch ein ideologischer Gegensatz aus dieser Zeit, der für demokratische Systeme zu lösen ist – der zwischen Freiheit und Gleichheit. In der Bundesrepublik Deutschland hat man versucht, diese Polarisierung durch die Verbindung von sozialer Marktwirtschaft und liberal-repräsentativer Demokratie aufzulösen. Gleichzeitig war es gerade das geteilte Deutschland, das wie kein anderes Land den Systemgegensatz seit dem Zweiten Weltkrieg abbildete. Dass Gleichheitselemente auch heute noch in der Bevölkerung eine Rolle spielen, zeigen Umfrageergebnisse. In ihnen sehen immer noch knapp 70 % der derzeit auf dem Gebiet Ostdeutschlands lebenden Bürger:innen den »Sozialismus als gute Idee, die nur schlecht ausgeführt wurde« (Allbus-Studienreiche 1991–2018). Mindestens genauso bemerkenswert ist allerdings der seit drei Jahrzehnten relativ konstante Zustimmungsgrad von 40 % in Westdeutschland zu dieser Aussage. Zusammen mit den – später noch zu besprechenden – sich ausbreitenden Wünschen nach mehr Bürgerbeteiligung, ist es nicht ausreichend, wenn eine repräsentative Form der liberalen Demokratie sich alleine auf die Prämisse, individuelle Freiheit zu garantieren, beruft und die anderen Merkmale vernachlässigt.

2.3 Demokratie als Konkurrenz – Elitentheoretische Ansätze

Neben den Grundlinien der Demokratieentwicklung, die für das Verständnis von Demokratie (▸ Kap. 4) von zentraler Bedeutung sind, entwickelten sich verschiedene weitere Theorien mit Relevanz für das Verständnis von Demokratie. Die meisten von ihnen bauen auf der

Grundlage einer liberalen Demokratie auf. Von besonderer Bedeutung blieb die Auseinandersetzung zwischen Vertreter:innen einer effektiven Demokratie mit Steuerung durch Eliten mit denen einer stärker partizipativen Demokratie. Beide Pole lassen sich in der Demokratietheorie, aber auch in der Parteipolitik wiederfinden. Dabei gelangten Teile der Überlegungen Macchiavellis hinsichtlich guter Herrschaft in Einklang mit Ideen der sich ausbreitenden Marktwirtschaft. Am stärksten verbunden mit dieser Wahrnehmung von Demokratien als Konkurrenzsystemen ist der Name *Joseph Schumpeter* (1883–1950). Angelehnt an bereits vorliegende Überlegungen Max Webers, stellte er die funktionale Leistungsfähigkeit der Demokratie als zentrales Ziel in den Vordergrund (Schumpeter 1942). Diese sei am besten durch klare Führungsstrukturen, Entscheidungsbefugnisse und Durchsetzungsfähigkeiten der Herrschaft gewährleistet. Gleichwohl sollten diese politischen Eliten durch einen demokratischen Prozess ausgewählt und in der Folge kontrolliert werden. Wahlen dienen nicht mehr vorrangig der Beteiligung der Bürger:innen am demokratischen System, sondern vor allem der Auswahl besonders geeigneter politischen Eliten in einem System konkurrierender politischer Eliten und Parteien. Demokratische Wahlen sind das Mittel zum Zweck einer Auswahl von Herrscher:innen (Schaal 2012: 455). Ein solches Denken ist aus Sicht Schumpeters deswegen als realistischste Demokratietheorie zu verstehen, weil der Ungleichheit der (kognitiven) Fähigkeiten der Bürger:innen genauso Rechnung getragen wird wie der ungleichen Information und Manipulierbarkeit der Massen. Zudem ist das stark auf den individuellen Nutzen orientierte Menschenbild, welches hinter Schumpeters Überlegungen steht, aus seiner Sicht eine realistischere Einschätzung der Bürger:innen als ein grundsätzlich positives, auf Gemeinwohl ausgerichtetes Menschenbild.

Viele Demokratietheoretiker schätzen den Input der Bürger:innen als das zentrale Merkmal der Demokratie ein und bemessen sie daran. Im Gegensatz dazu betonen elitentheoretische Ansätze den *Output* und die *Effizienz* der demokratischen Regierung. Beispiele für elitentheoretische Ansätze sind der Ansatz von *Helmut Schelsky* (1961) und die Arbeiten in der Tradition Schumpeters. Ziel dieser Ansätze ist eine effiziente und effektive Herrschaftsform *für* die Bürger:innen, weniger *durch* sie. Der Input beschränkt sich auf die Auswahl der besten Eliten durch Wahlen.

Dies schließt andere Formen der Reaktion auf den seitens der Systeme und ihrer Regierungen produzierten Output nicht aus. So gibt es nach dem von *David Easton* (1965) konstruierten *Input-Output-Modell* immer *demands* (Forderungen) der Bürger:innen an ihr System. Die Erfüllung dieser Forderungen wird von der Masse der Bevölkerung evaluiert und im Falle einer positiven Evaluation mit *support* (Unterstützung) für die Eliten belohnt. Werden die Eliten negativ evaluiert, dann kommt es zu einem Unterstützungsentzug, der entweder in Stimmenentzug bei Wahlen oder gar in Demonstrationen und Absetzung der regierenden Elite münden kann. Einfach gesagt: Es wird ein austauschtheoretisches Modell von politischem Angebot und Nachfrage auf einem politischen Markt etabliert, das Politik als Konkurrenz um Einfluss und Macht darstellt. Demokratien sind die Systeme, die dies am besten gewährleisten, weil sie über einen offenen Markt – auch in der Politik – verfügen.

Damit setzen sich aber Aspekte wie Effizienz und eine starke Elitenorientierung in die Betrachtung von Demokratie fest. Eine solche Ansicht ist, gerade wenn man die 1950er und 1960er Jahre in der Bundesrepublik Deutschland betrachtet, realitätsnah. Konzentrierte sich die Entscheidungsgewalt doch stark bei der regierenden Partei und Konrad Adenauer als ihrem durchsetzungsstarken Bundeskanzler. Dies drückt sich in der sich auf die technische Umsetzung eines funktionalen Outputs für die Bürger:innen konzentrierenden *Elitentheorie* aus (Schelsky 1961; siehe Salzborn 2012: 52–52).

Seine Zuspitzung fand das von Schumpeter angelegte ökonomische, auf Output angelegte Verständnis von Demokratie bei *Anthony Downs* (* 1930). Neben dem politischen Markt als Handlungsort der Demokratie wird nun auch die Sicht auf Bürger:innen als rationale Wähler:innen fixiert (Downs 1957). Sie suchen ihren eigenen Nutzen zu maximieren und gestalten ihr Wahlverhalten entsprechend. Bringt es Wähler:innen wenig bis nichts, eine bestimmte Partei oder Kandidat:in zu wählen, weil z. B. das Wahlergebnis bereits klar ist, dann wird sie auf den Wahlgang verzichten. Die (eher geringen) Kosten des Wahlgangs übersteigen nicht den Nutzen der Stimmabgabe, die vermutlich keine Wirkung erzielt. So kann man erklären, warum in engen Abstimmungen häufiger Wähler:innen an die Wahlurne gehen. Auch in den anderen Punkten verhalten sich Wähler:innen rational. Sie entscheiden entlang ihrer privaten, im Kopf angelegten Präferenzenliste, welche Partei und welche Politiker:innen sie bevorzugen. Ziel der Wähler:innen ist es immer, ihren Nutzen zu maximieren. Dabei wägen die Wähler:innen Kosten und Nutzen ab und treffen ihre Entscheidung entlang dieses kalkulierten Ergebnisses für unterschiedliche, mögliche Entscheidungen. Dabei wird nach dem besten Kosten-Nutzen-Saldo ausgewählt. Die Folge dieser rationalistischen Kalkulationsweise ist, dass Wähler:innen (eigentlich) unter gleichen Bedingungen immer die gleichen Entscheidungen treffen müssten – und sie diese Entscheidungen immer bewusst treffen (Behnke 2009: 499). Dabei bleibt den *Rational-Choice*-Modellen des Wahlverhaltens immer eine elitistische Komponente erhalten. In diesem Denkmodell sind es Elitenangebote, welche durch die Wähler:innen mit strengem Blick auf den Output – den persönlichen Nutzen, den man daraus zieht – beurteilt werden. Darüber hinaus sind die Angebote an Effizienz und nicht an demokratischen Werten orientiert. Die Politikergebnisse kommen bei Downs durch die Konkurrenz der Parteien zustande, deren Ziel es ist, an die Macht zu kommen, nicht, normative Ziele zu erreichen. »Parteien haben im Downsschen Modell keine originären inhaltlichen Interessen, sie sind keine Gesinnungsparteien« (Behnke 2009: 505).

Die Kritik an diesem Modell, das dem sozialwissenschaftlichen Zweig der *Rational-Choice-Theorien* zuzuschlagen ist, beruht auf drei Säulen. Zum einen wird es als unrealistisch angesehen, dass alle Bürger:innen über die vollständigen Informationen verfügen, welche ihnen eine rationale Wahl ermöglichen. Sie agieren weniger auf der Grundlage sicherer Erkenntnis, sondern vielmehr oft unter Unsicherheit. Nun kann man entgegnen, dass auf Basis ihrer Informationen und Präferenzlisten natürlich jede Wahlentscheidung trotzdem eine rationale Wahl aus der Sicht der:s einzelnen Wähler:in ist. Hier greift aber das zweite Argument, dass affektive, manchmal sehr kurzfristige Entscheidungen unberücksichtigt bleiben oder nachträglich eingepasst werden. Der dritte Kritikpunkt liegt in der mangelnden Berücksichtigung der Mitbestimmungsebene, also des Inputs, für die Funktionalität einer Demokratie. Nun ließen sich Wünsche nach mehr Input in Kosten-Nutzen-Modellen durchaus modellieren, wenn man den Wunsch nach Partizipation als einen wichtigen Punkt auf der individuellen Präferenzliste bestimmt. Gleichwohl bleiben Fragen offen. In besonderem Maße aber sind das strenge handlungstheoretische Erklärungsmodell von Downs sowie die daran anknüpfenden *Rational-Choice*-Theorien aufgrund ihrer starken Ausrichtung auf *Ex-Post*-Erklärungen in die Kritik geraten. Damit ist gemeint, dass sie Ergebnisse zwar immer zeitlich nach dem Ereignis (*ex post*), niemals aber, bevor diese Ereignisse eintreten (*ex ante*), erklären (können). Manch Kritiker:in stellte sich die Frage nach dem wirklichen Nutzen solcher Analysen (Behnke 2009: 522).

Insgesamt unterliegen die elitentheoretischen und stark auf den *Output* der Demokratie fokussierten Demokratietheorien einigen Kritikpunkten. So bleibt die herausgestellte Dichotomie zwischen zur Regierung unfähigem Volk und entscheidungsfähigen Eliten oft wenig begründet. Zudem dominiert eine Orientierung an Kosten-Nutzen-Kalkulationen, die aufgrund ihrer Individualität oft nicht wirklich nachvollziehbar sind. Dennoch bringen diese Ansätze wichtige Elemente eines realistischen Menschenbildes mit in die Betrachtung von Demokratie ein. So ist der Mensch zwar nicht nur, aber doch auch ein Nutzenmaximierer. Und selbst Theorieansätze, welche ein normativ-positives Menschenbild aufweisen, gestehen Menschen rationale Entscheidungen zu. Dies mit Blick auf die Stabilität und den Erhalt einer Demokratie zu berücksichtigen, ist heute wie vor Jahrzehnten ein nicht zu unterschätzendes Element des Umgangs mit Demokratie. Das Problem der Elitentheorien und der Konkurrenztheorien der Demokratie bleibt die alleinige Fixierung auf die Effizienz und Funktionalität der Demokratie als Herrschaftssystem. Die Aspekte der Partizipation und Mitwirkung, also die Input-Seite der Demokratie, gerät dabei weitgehend aus dem Blick. Allerdings ist eben gerade Input ein zentrales Merkmal für Demokratien, ist deren Kerndefinition doch die »Volksherrschaft«, also die Mitregierung der Bürger:innen.

2.4 Demokratie als Beteiligung – Partizipatorische und feministische Ansätze

Und so ist es wenig überraschend, dass ab den 1970er Jahren, im Zuge der Proteste von 1968, partizipative Modelle und Demokratietheorien an Bedeutung gewannen. Bei diesen Ansätzen steht, abgesehen von einer Vielzahl an kleineren Differenzen, die Prämisse der Beteiligung als Zentralmerkmal der Demokratie im Vordergrund. So sollten es eben die Bürger:innen sein, die nicht nur einmal in einem bestimmten Zeitraum als Wähler:innen ihr Recht auf Mitbestimmung ausüben und ihre Stimme transferieren, sie sollten aktiv die demokratische Gemeinschaft mitgestalten. Partizipatorische Demokratieansätze fordern, gewissermaßen in Rückgriff auf frühe attische Überlegungen zur Demokratie, vor allem einen Zuwachs an direktdemokratischen Verfahren. Dabei unterscheiden sich partizipatorische Demokratietheorien entlang des Grades an Beteiligung, den sie fordern. Während Norberto Bobbio (1988) und Anton Pelinka (1972) eher weitreichende Ergänzungen zum Repräsentativsystem und seinem Vorgehen empfahlen, hatte Benjamin Barber (1984) die Vision einer *strong democracy* mit vielfältigen Möglichkeiten der direkten Beteiligung der Bürger:innen von kommunalen bis hin zu nationalen Entscheidungen. Seine Zuversicht lag in der Ausweitung der digitalen Kommunikation begründet, welche nicht nur digitale Bürgerforen oder gemeinsame Diskussionsräume, sondern vielfältige Abstimmungen selbst in Massendemokratien möglich machen würden. Für Anhänger:innen partizipativer Demokratietheorien ist es wichtig, nicht nur direkt mit abstimmen zu dürfen, sondern demokratische Lebensformen in allen Teilen der Gesellschaft (z. B. Arbeitsmitbestimmung, Aufhebung von Geschlechterrollen) zu entwickeln.

Gerade dieser breite Rahmen bot einen Anschlusspunkt für sich eigenständig entwickelnde *feministische Demokratietheorien*, welche mit Blick auf Partizipation und Gleichheit vor allem die Geschlechterungleichheit zwischen Frauen und Männern – auch in Demokratien – thematisieren (siehe Holland-Cunz 1998). Carol Pateman (1970), Anne Phillips (2001), Nancy Fraser (2003), Judith Butler (1991) und Seyla Benhabib (1995) thematisieren in unterschiedlichster Weise die Benachteiligungsstrukturen von Frauen in demokratischen Gesellschaften. Ihre Ansätze behandeln auf Anerkennung basierende Theorien, welche neben Forderungen nach Gleichheit für moderne Demokratien, vor allem Teilhaberechte und Teilhabechancen von Frauen und auch anderen bislang wenig beteiligten Gruppen der Gesellschaft ins Zentrum rücken. Neben ihrer Orientierung an der Demokratiepraxis ist es das Streben nach Gleichheit, welches feministische Demokratietheorien trägt (Ritzi 2012: 63). Um allerdings diese Gleichheit bzw. Gerechtigkeit zu erreichen, bedarf es Eingriffe seitens des Staates in individuelle Freiheiten (von Männern). Dies kann im Sinne einer Herstellung von Gleichheit verstanden werden (Phillips 2001), aber gleichzeitig auch im Sinne einer gezielten Ungleichheit (Young 2000). Um es zugespitzt auszudrücken: Es bedarf in Teilen aktuell ungleicher Behandlungen verschiedener sozialer Gruppen, um bislang bedrängten und benachteiligten Gruppen in der Gesellschaft – zu denen auch Frauen zählen – in der Gesellschaft Gerechtigkeit widerfahren zu lassen. Beispielsweise darf oder muss man bei der Einstellung von Arbeitskräften vom Kriterium der fachlichen Eignung abweichen, sollte dies auf einen Mann hinauslaufen, wenn nur 15 % der Beschäftigten Frauen sind – und dies eben aus einer vorher ungerechten – durch die Gesellschaft bedingten – Bevorteilung von Männern für diese Stelle entstanden ist. Gesellschaftliche Ungerechtigkeiten manifestieren sich z. B. in bestehenden Rollenbildern, welche dazu geführt haben, dass Frauen der Zugang zu höherer Bildung verwehrt wurde oder dass viele Frauen vorzeitig – aufgrund der Erwartung, Kinder zu gebären und großzuziehen – aus dem entsprechenden Arbeitsmarkt ausgeschieden sind. An diesem Beispiel wird ein verbindendes Merkmal verschiedener feministischer Demokratietheorien deutlich: Sie setzen auf Gleichheitsansprüche zwischen Frauen und Männern und beherbergen oft weitreichendere normative Gleichheitsansprüche für weitere soziale Gruppen. Feministische Demokratietheorien umfassen oft auch die Einforderung von mehr Rechten für nicht-binäre Partnerschaftsformen. Dabei spielt der Begriff der Macht und die kritische Betrachtung existierender Machtverhältnisse eine wichtige Rolle. So schließt z. B. Judith Butler an Michel Foucaults (1978) Überlegungen zu Macht und Diskurs an und betont den Aspekt der *Handlungsfähigkeit* als wichtiges Ziel feministischer Theorie, die dann (aus ihrer Sicht) feministische Partizipationstheorie sei. Entsprechend zeichnet der Aspekt der »Ermächtigung« zu politischem und partizipatorischem Handeln feministische Demokratietheorien aus.

Will man die Wirkungen der feministischen Demokratietheorie einschätzen, so kann man das »erfolgreiche Scheitern der feministischen Demokratietheorie« (Holland-Cunz 1998: 122; vgl. auch Ritzi 2012: 89) anführen, welcher Befund die (immer noch ungenügenden) Fortschritte in der Gleichstellungspraxis mit einer gewissen Nachrangigkeit feministischer Demokratietheorien in öffentlichen wie politikwissenschaftlichen Diskursen bündelt. Gemeint ist damit, dass die Kritik an der Ungleichheit der Geschlechter für moderne Demokratien äußerst relevant ist – und dies nicht nur von einem feministischen Standpunkt. Die demokratietheoretischen Ansätze, die sich damit befassen, erfahren aber oft nicht genug öffentliche wie akademische Aufmerksamkeit. Im Gegenteil werden sie – meist von politisch konservativer oder neurechter Seite – nicht selten als Nischentheorien behandelt. Ihre Kritik an den gesellschaftlichen Zuständen mündet dann in einem begrenzten gesellschaftspolitischen Einfluss. Und dies, obwohl immer noch viele Frauen in Deutschland Gewalt und Abwertung oder ungleiche Bezahlung erfahren und traditionale Rollenmodelle, verschiedenen Fortschritten in der Gleichstellungspolitik zum Trotz, nicht aus den europäischen Nachbargesellschaften verschwunden sind. Die beachtliche Bedeutung feministischer Positionen wird an unerwarteter Stelle sichtbar: So sind gerade Feminist:innen mit der Ausbreitung neuer rechtspopulistischer Bewegungen von diesen zu einem zentralen Feindbild auserkoren worden. Nur wenig scheint reaktionär und autoritär ausgerichteten Bürger:innen, Populist:innen und Rechtsextremist:innen mehr Unbehagen zu bereiten als Erfolge des Feminismus. Feministische Demokratietheorien sind somit – nicht immer bewusst – Kennzeichen einer erweiterten Modernisierung (Norris/Inglehart 2004)

2.5 Polyarchie – Demokratie als Bündel von Prinzipien

Jenseits der normativen Bestimmungsgründe entwickelte sich mit Ausbreitung der Demokratie und einer wachsenden Unübersichtlichkeit demokratischer Regimeformen der Wunsch, Demokratie sowohl differenzierter zu betrachten als auch ihre Einzelkomponenten treffsicherer bestimmen zu können. Der Gedanke hinter diesem Ansatz ist der einer *prozeduralen Demokratie*, also einer Demokratie, die sich über ihre Prozeduren definiert. Sind diese demokratisch und vorhanden, dann haben wir es mit einer Demokratie zu tun. Diesem Problem widmete sich *Robert Dahl* (1915–2014). Dahl ist allerdings zurückhaltend und bezeichnete den auf diese Weise bestimmten Typus der Demokratie als *Polyarchie* oder »polyarchischen Demokratie« (Dahl 1998: 90; vgl. auch 1971). Eine Verständnismöglichkeit ist: Demokratie ist der theoretisch beschreibbare Idealtyp und die Polyarchie der umsetzbare Realtyp. Die Typologisierung von Polyarchie durch Robert Dahl gilt mittlerweile als ein Hauptbezugskonzept prozeduralistischer Definitionen von Demokratie und als theoretischer Bezugspunkt der Demokratiemessung. Dahl definiert Polyarchie in Abgrenzung von älteren Verwendungen dieses Begriffs als institutionelles Arrangement, das öffentliche Opposition ermöglicht und das Recht, in der Politik zu partizipieren, festschreibt. Damit bewegt er sich auf der Plattform eines funktionalen Verständnisses von Demokratie. Eine existierende Polyarchie ist in seinen Augen …

1. ein *Ergebnis historischer Entwicklungen*, die den Bemühungen um Liberalisierung und Demokratisierung politischer Institutionen der Nationalstaaten geschuldet sind;
2. ein bestimmter *Typ politischer Ordnungen* oder Regime, die sich in wichtigen Punkten von allen nicht-demokratischen Systemen ebenso unterscheidet wie von frühen Demokratien mit kleinen Bevölkerungszahlen;
3. ein *System politischer Kontrolle*, in dem die hohen Regierungsmitglieder eines Staates ihre Ämter in Wahlen gewinnen müssen, die dem

politischen Wettbewerb mit anderen Kandidat:innen, Parteien und politischen Gruppierungen unterworfen sind;
4. ein *System bestimmter politischer Rechte*;
5. ein *Set politischer Institutionen*, die für eine Demokratie mit großer Bürgerschaft notwendig sind (Dahl 1989: 218–219).

Die Polyarchie weist zwei Charakteristika auf, die sie von anderen politischen Systemen unterscheidet: Ein relativ hoher Anteil der Erwachsenen genießt die Rechte der Bürgerschaft (im Unterschied zu Exklusivsystemen, in denen bestimmte Bevölkerungsgruppen von den Bürgerrechten ausgenommen sind) und diese Rechte umfassen die Möglichkeit, die höchsten Regierungsmitglieder aus dem Amt zu wählen (im Unterschied zu modernen autoritären Regimen; Dahl 1989: 220–221). Von der Demokratie unterscheidet sich die Polyarchie durch …

1. Imperfektionismus: *Demokratie ist das Ideal*, das kein Staat bisher erreicht hat. Polyarchie ist ein institutionelles Arrangement, das diesem Ideal nahekommt, es aber nicht erreicht (vgl. Dahl 1971: 9–10).
2. den dimensionalen Charakter: Es gibt *verschiedene Qualitätsstufen* der Polyarchie, die von Hegemonie – Abwesenheit von Polyarchie – bis zu voller Polyarchie reichen.
3. relativ *moderate Kriterien*, d. h., weil Polyarchie sich mit nicht perfekten Annäherungen beschäftigt, ist der verlangte Standard für die meisten polyarchischen Regime eher niedrig. Das Konzept beschränkt sich auf die grundlegenden institutionellen Anforderungen der Demokratie (eigentlich Polyarchie).
4. den allgemeinen Bezug auf die *nationale Ebene* des politischen Regimes sowie Demokratiequalitäten auf den diversen Ebenen des politischen Gemeinwesens, z. B. Länderstruktur oder betriebliche Mitbestimmung.
5. den *Verzicht* auf die Voraussetzung bestimmter Erfolge bei der Herstellung *sozioökonomischer Gleichheit* für die Einstufung als volle Polyarchie. Polyarchie bezieht sich einzig auf den politischen, nicht auf den sozialen oder wirtschaftlichen Aspekt von Gleichheit.

Ehe ein politisches System Polyarchie genannt werden darf, müssen nach Dahls Ansicht mindestens folgende acht Institutionen verankert sein (Dahl 1971: 3, vgl. 10–14):

1. Freiheit, Organisationen zu gründen und ihnen beizutreten
2. Meinungsfreiheit
3. aktives Wahlrecht
4. passives Wahlrecht
5. Recht politischer Führer, um Unterstützung zu werben
6. Informationsfreiheit
7. freie und faire Wahlen
8. Institutionen für die Politikgestaltung der Regierung (Exekutive) unterliegen der Wahl und anderen Möglichkeiten, Präferenzen auszudrücken

In Massendemokratien befähigen diese Rechte die Bürger:innen, ihre Präferenzen zu formulieren, diese deutlich zu machen und für diese Präferenzen bei der Regierung gleichgewichtete Berücksichtigung zu finden (S. Pickel/G. Pickel 2006). Die Liste beinhaltet somit sowohl *Freiheitsrechte* (1, 2, 6, 7) als auch *Partizipationsrechte* (1, 3, 4, 5, 8).

Dadurch, dass diese Rechte über *Verfahren* abgesichert werden sollen, entstehen prozedurale Kontrollen von Rechtsstaatlichkeit, welche die Polyarchie (und übertragen die Demokratie) sichern sollen. Da sie für die Existenz als Polyarchie alle grundlegend sind, werden die institutionellen Arrangements, die obige Rechte absichern, als »*prozedurale Minima*« bezeichnet. Sie dienen als die »minimale« Grundlage der Absicherung von Polyarchie und bieten zusätzliche Entwicklungsmöglichkeiten in Richtung des Ideals einer Demokratie. Zentrale Bedeutung wird in Dahls Modell dem *politischen Wettbewerb* eingeräumt (Lauth 2004). Diesem von Schumpeter stammenden Element der Konkurrenzdemokratie (▶ Kap. 2.3) wird die Partizipation der Bürger:innen zur Seite gestellt.

In einem späteren Beitrag thematisiert Dahl (1989) die Bedingungen, unter denen eine Polyarchie entstehen und sich in der Folge erhalten kann. Dabei handelt es sich um …

1. die Zerstreuung oder Neutralisierung von Mitteln zur Gewaltausübung, eine Bedingung, die sich insbesondere in der zivilen Kontrolle des Militärs und der Polizei ausdrückt.
2. die Existenz einer modernen, dynamischen und pluralistischen Gesellschaftsform. Sie spiegelt sich u. a. in einem relativ hohen Wohlstandsniveau, einem hohen Verstädterungsgrad sowie einer breiten Verteilung von hohen Bildungsabschlüssen wider.
3. eine kulturell möglichst homogene Gesellschaft. Sie zeichnet sich durch die Abwesenheit von größeren Subkulturausbildungen aus bzw. durch eine »consociationale« Ausprägung der Subkulturen in heterogenen Gesellschaften.[5]
4. das Bestehen einer breiten Unterstützung in der Bevölkerung oder die Existenz einer die Institutionen der Polyarchie unterstützenden politischen Kultur.
5. ein Ausbleiben von Interventionen fremder (feindlicher) Mächte.

Diese Bedingungen werden in drei allgemeine Bedingungskonstellationen überführt: günstige Bedingungen, ungünstige Bedingungen, gemischte bzw. schwankende Bedingungen. Die theoretische Bedeutung der Dahl'schen Bestimmung von Polyarchie (und Demokratie) wird von ihrem richtungsweisenden Charakter für die Demokratiemessung übertroffen (▶ Kap. 6). So sind die acht Prinzipien der Polyarchie als Kernbestandteile demokratischer Systeme in fast allen neueren Versuchen der Demokratiemessung aufzufinden.

Problematisch ist, dass eine Polyarchie etymologisch die »Herrschaft der Vielen« – aber nicht von Allen – bezeichnet. Entsprechend wird ein Akzent in Richtung eines repräsentativen politischen Systems gesetzt. Dies drückt sich in der Ausrichtung der Kriterien aus, die eher an eine »elektorale Demokratie« erinnern. Rechtliche Prämissen werden nicht als eigenständige Indikatoren fixiert und es wird ein (zu) starker Fokus auf die Freiheiten im politischen Prozess gelegt. Soziale sowie individuelle Freiheiten und humanistische Grundbedingungen (Menschenrechte)

5 Bei der »consociationalen« Polyarchie handelt es sich weitgehend um ein Analog zu einer sogenannten Konsensdemokratie, in der Konkurrenz durch Verhandlungen zu einem allgemeinen Konsens umgewandelt wird (▶ Kap. 5.3).

finden begrenzt Einlass in die Konzeption von Dahl. Zudem wird der institutionelle Kontrollsektor, bspw. Verfassungsgerichte, nicht berücksichtigt. Nach Lauth (2004: 273) wird »der gesamte Bereich der *accountability* und der rechtsstaatlichen Kontrolle [...] durch die acht Garantien nicht angemessen berücksichtigt«. Gleichwohl stellen die Überlegungen von Dahl so etwas wie den Übergang von einer normativ geprägten Beschäftigung mit Demokratie zu einer empirischen Beschäftigung mit Demokratie und ihren unterschiedlichen Realisierungsstufen dar (S. Pickel/ G. Pickel 2006).

2.6 Fazit – Demokratische Vielfalt und Vielfalt der Ansprüche an Demokratie

Mit den modernen Demokratietheorien entstand Schritt für Schritt eine größere Pluralität an Anforderungen an die Einschätzung eines politischen Systems als Demokratie. Neben die oft normativ geprägten Betrachtungsweisen der Frühzeit traten institutionelle und funktionalistische Überlegungen der Umsetzung und Gestaltung von demokratischen Staatsformen. Diese erweitern das Bild von Demokratie in unterschiedliche Richtungen und auch historisch gesehen traten Staaten mitunter hinsichtlich des in ihnen dominierenden Demokratiemerkmals in Gegensatz zueinander. So gewann z. B. die ideologische Ausrichtung auf Gleichheit in einem sozialistischen Demokratiemodell an Bedeutung, während in den aufstrebenden Marktwirtschaften der westlichen Welt die Gedanken der demokratischen Konkurrenz und der persönlichen Freiheiten (im Markt) als Merkmale einer liberalen Demokratie die dominierende und gestaltende Position übernahmen. Bloße Fragen der Gewichtung der Kerngedanken einer Demokratie stellen den Status als Demokratie nicht infrage. Werden aber einzelne Aspekte wie Rechtsstaatlichkeit oder Freiheit massiv eingeschränkt, dann handelt es sich um Staatsformen, die man nicht mehr Demokratie nennen darf. Republikanische Ansätze und deren Erweiterungen legen ihren Schwerpunkt auf die Partizipation der Bürger:innen. Volksdemokratien gehen dagegen von einem erfassbaren und kollektiven Volkswillen aus, was aufgrund ihrer zügigen Übergänge zu nicht-demokratischen Staatsformen zu einer Diskreditierung des Begriffs führte. Als gemeinsamer Kern der Akzeptanz eines Staatswesens als Demokratie können die Merkmale *individuelle Freiheit, Gleichheit, Partizipation und Kontrolle* gelten. Diese sind nicht immer gleich gewichtet, stellen aber das *Kerngerüst jeder Demokratie* dar.

Als prägender Konflikt in der Demokratietheorie etablierte sich die Diskrepanz zwischen einer elitengesteuerten Effektivität und einer größtmöglichen Legitimität der demokratischen Systeme durch erhöhte politische Partizipation. Sowohl partizipative als auch deliberative Demokratiekonzepte schließen heute an die zweite Tradition an. Sie stehen im Gegensatz zu rein funktionalen *Output*-Orientierungen, wie sie in den Theorien von Downs oder Schumpeter zu finden sind. Gleiches gilt für feministische Demokratietheorien. Auch sie zählen zu den normativen Demokratietheorien, die Partizipation hochschätzen, aber vor allem betonen sie die Prämisse der Gleichheit. Damit stehen sie wiederum im Gegensatz zu den konkurrenztheoretischen Ansätzen, die teilweise den Schritt von liberalen in libertäre politische Regime vollziehen und auf einen möglichst weiten Rückzug des Staates aus der Steuerung von Wirtschaft und teilweise sogar von politischen Teilbereichen setzen. Den *Rational-Choice*-Überlegungen von Antony Downs entspricht die Annahme: Der Markt regelt alles. Wenn unter Bedingungen eines elitären Demokratiemodells die Wähler:innen eher apathisch und zufrieden sind, dass politische Eliten die Probleme lösen, bedarf es dringend verschiedener Kontrollmechanismen, um das Abgleiten der (elitären) Demokratie in eine Autokratie zu verhindern. Freien und fairen Wahlen wie auch der Gewaltenteilung kommt hierbei eine zentrale Rolle zu. Da liegt es nahe, deren Organisation sowie die Zugangsrechte der Bürger:innen zur Beteiligung am politischen Leben zum Qualitätsmerkmal von Demokratien zu machen.

Genau dies unternimmt Robert Dahl in seinem Konzept, das er als Polyarchie – quasi die realpolitisch erreichbare Variante der idealtypischen Demokratie – bezeichnet. Es markiert den zentralen Ausgangspunkt für die inzwischen große Anzahl an Zugängen zur Messung der

Demokratiequalität und der graduellen Einschätzung eines politischen Systems als Demokratie (▶ Kap. 6). Dahl kommt durch seine pluralistische Aufstellung und den Einbezug von *Input*-Komponenten zumindest in die Nähe partizipatorischer Demokratiemodelle. Gleichzeitig begrenzt er den normativen Radius von Demokratie durch seine messbaren Funktionsmerkmale. Gleichheit und Kontrolle spielen nur eine nachgeordnete, konzeptionell sogar nicht einmal sicht- (und mess-)bare Rolle. Gleichwohl stellen Dahls Überlegungen den Versuch einer Brückenbildung zwischen Demokratietheorie und empirischer Auseinandersetzung mit Demokratie dar, wie sie in der aktuellen Demokratieforschung von großer Bedeutung sind (Lemcke et al. 2016).

Weiterführende Literatur

Behnke, Joachim (2009): Die politische Theorie des Rational Choice: Antony Downs. In: Brodocz, Andre/Schaal, Gary S. (Hrsg.): *Politische Theorien der Gegenwart II*. Opladen: Barbara Budrich (3. Aufl.): 497–528.

Brodocz, Andre/Schaal, Gary S. (2009): *Politische Theorien der Gegenwart II*. Opladen: Barbara Budrich (3. Aufl.).

Buchstein, Hubertus (2016): *Typen moderner Demokratietheorien. Überblick und Sortierungsvorschlag*. Wiesbaden: Springer VS.

Butler, Judith (1991): *Das Unbehagen der Geschlechter*. Frankfurt/Main: Suhrkamp.

Dahl, Robert (1971): *Polyarchy. Participation and Opposition*. New Haven: Yale University Press.

Dahl, Robert (1989): *Democracy and its Critics*. New Haven: Yale University Press.

Downs, Anthony (1957): *An Economic Theory of Democracy*. New York: Stanford University Press.

Holland-Cunz, Barbara (1998): *Feministische Demokratietheorie. Thesen zu einem Projekt*. Opladen: Leske+Budrich.

Lemcke, Oliver W./Ritzi, Claudia/Schaal, Gary S. (Hrsg.) (2012): *Zeitgenössische Demokratietheorie. Band 1: Normative Demokratietheorien*. Wiesbaden: Springer VS.

Lemcke, Oliver W./Ritzi, Claudia/Schaal, Gary S. (Hrsg.) (2016): *Zeitgenössische Demokratietheorie. Band 2: Empirische Demokratietheorien*. Wiesbaden: Springer VS.

Pateman, Carol (1970): *Participation and Democratic Theory*. Cambridge: Cambridge University Press.

Phillips, Anne (Hrsg.) (2001): *Feminism and Politics*. Oxford: Oxford University Press.

Richter, Emanuel (2012): Inklusion von Freien und Gleichen. Zur republikanischen Demokratietheorie. In: Lemcke, Oliver W./Ritzi, Claudia/Schaal, Gary S. (Hrsg.): *Zeitgenössische Demokratietheorie. Band 1: Normative Demokratietheorien*. Wiesbaden: Springer VS: 127–156.

Ritzi, Claudia (2012): Politische Gerechtigkeit durch (Un-)Gleichheit? Zur feministischen Demokratietheorie. In: Lemcke, Oliver W./Ritzi, Claudia/Schaal, Gary S. (Hrsg.): *Zeitgenössische Demokratietheorie. Band 1: Normative Demokratietheorien.* Wiesbaden: Springer VS: 63–96.

Sartori, Giovanni (1987): *The Theory of Democracy Revisited.* Chatham: Chatham House Publishers.

Schmidt, Manfred (2019): *Demokratietheorien. Eine Einführung.* Wiesbaden: Springer VS (6. Aufl.).

Schumpeter, Josep A. (1987) [1942]: *Kapitalismus, Sozialismus und Demokratie.* Tübingen: Mohr Siebeck (6. Aufl.).

Young, Iris Marion (2000): *Inclusion and Democracy.* Oxford: Oxford University Press.

Vorländer, Hans (2010): *Demokratie.* München: Beck.

Weber, Florian (2012): Selbstbestimmung durch Teilhabe. In: Lemcke, Oliver W./Ritzi, Claudia/Schaal, Gary S. (Hrsg.): *Zeitgenössische Demokratietheorie. Band 1: Normative Demokratietheorien.* Wiesbaden: Springer VS: 223–254.

3 Was ist Demokratie? Demokratieverständnis und alternative Herrschaftsformen

3.1 Bestandteile der Demokratie: Freiheit, Gleichheit, Partizipation und Kontrolle?

Was ist nun eine Demokratie – und wann ist ein politisches System eine Demokratie? Diese Fragen sind gerade heute umstrittener denn je. So wird die Eigenschaft, »demokratisch« oder »eine Demokratie« zu sein, von vielen Staaten – quasi selbstverständlich – für sich in Anspruch genommen. Gleichzeitig sieht man nicht nur Defizite im Verhalten Herrschender den Bürger:innen gegenüber, sondern gelegentlich korrespondiert die reale Herrschaftsform kaum mit den Merkmalen einer Demokratie, insbesondere liberaler Prägung. Demokratien mit spezifischen Defiziten werden oft mit Adjektiven wie »gelenkt« versehen, wenn z. B. die Freiheitsrechte der Bürger:innen eingeschränkt sind oder das Prinzip der Gewaltenteilung verletzt wird. Zudem gerät gegenwärtig das lange Zeit dominante Verständnis von der liberalen Demokratie unter Druck. So wird – teilweise auch unter westlichen Wissenschaftler:innen – angeprangert, dieses Verständnis von Demokratie sei durch eine bestimmte (westliche) Kultur geprägt und könne nicht für alle Kulturkreise gleichermaßen angenommen werden. Die Versteifung auf die liberale Demokratie westlicher Prägung wird in Gegenteil als Ethnozentrismus angesehen. Debatten über die Kulturspezifität von »Demokratien jenseits des Westens« (Schubert/Weiss 2016) haben sich dabei fest in der heutigen Politikwissenschaft etabliert. Gleichzeitig scheinen die Kriterien für die Klassifikation eines politischen Systems als Demokratie zu verschwimmen. Im Prinzip kann die attische Demokratie als eine Art *Basis (Root)-Konzept* angesehen werden, von dem sich sowohl verschiedene Subtypen der Demokratie ableiten als auch nicht-demokratische Systeme abgrenzen lassen. Wichtig ist es, die Grundprinzipien von Demokratie und Autokratie zu fassen. Diese richten sich in modernen Demokratiekonzeptionen oft zunächst nach den Merkmalen Robert Dahls von einer Polyarchie (▶ Kap. 2.5).

Insbesondere Hans-Joachim Lauth (2004) und Wolfgang Merkel (2010) haben griffige Konzepte entwickelt, die sich in Indizes zur Messung der Qualität von Demokratie (▶ Kap. 6) niedergeschlagen haben. Lauth vertritt ein prozedurales Demokratieverständnis, das Verfahren in den Fokus stellt, die die Beteiligung der Bürger:innen an der Herrschaft regeln. Im Gegensatz dazu orientieren sich materielle Demokratiekonzepte an den Politikinhalten und ihren Ergebnissen (Outcome; z. B. soziale Demokratie).

»Demokratie ist eine rechtsstaatliche Herrschaftsform, die eine Selbstbestimmung für alle Staatsbürgerinnen und Staatsbürger im Sinne der Volkssouveränität ermöglicht, indem sie die maßgebliche Beteiligung von jenen an der Besetzung der politischen Entscheidungspositionen (und/oder an der Entscheidung selbst) in freien, kompetitiven und fairen Verfahren (z. B. Wahlen) und die Chance einer kontinuierlichen Einflussnahme auf den politischen Prozess sichert und generell eine Kontrolle der politischen Herrschaft garantiert. Demokratische Partizipation an der politischen Herrschaft findet damit ihren Ausdruck in den Dimensionen der *politischen Freiheit, der politischen Gleichheit und der politischen und rechtlichen Kontrolle.*« (Lauth 2004: 100; Hervorhebung S. Pickel)

Die im ersten Zugriff etwas sperrige Definition vermittelt alle für eine liberale Demokratie notwendigen Merkmale. Ausgehend von den bereits vorgestellten Demokratietheoretiker:innen, sind dies die Prinzipien der *Freiheit*, der *Partizipation*, der *Gleichheit*, sowie der *Kontrolle* und *Rechtsstaatlichkeit*. Sie kennzeichnen ein politisches System als eine Demokratie und korrespondieren mit den ideologischen Richtungen, die wir in den vorangegangenen Kapiteln (speziell ▶ Kap. 2.2) bereits diskutiert haben. Das verwendete Konzept von Gleichheit ist dabei durchaus umstritten. Sieht ein stärker sozialistischer oder sozialdemokratischer Demokratiebegriff Gleichheit vor allem als umfassende Gleichheit in allen Lebensverhältnissen, würde in einer liberalen oder libertären Demokratie die Chancengleichheit betont werden. Unabhängig von dieser Unterscheidung heben sowohl der sozialistische als auch der libertäre Demokratiebegriff die Gleichheit vor dem Gesetz und der Bürger:innen hervor (z. B. »*one man, one vote*«). Diese Gleichheit setzt ein funktionierendes Rechtsstaatsprinzip und einklagbare bürgerliche Rechte sowie effektive und fundamentale Möglichkeiten bürgerlicher Beteiligung voraus. Freiheit bezieht sich im Wesentlichen auf die bereits von Dahl eingeführten politischen Freiheiten: Organisationsfreiheit, Meinungsfreiheit, aktives Wahlrecht, Recht auf Wettbewerb um politische Unterstützung, Informationsfreiheit (Dahl 1971: 3). Politische Kontrolle bedeutet Gewaltenteilung in Exekutive, Legislative und Judikative mit Unabhängigkeit der Gewalten, Föderalismus mit Eigenverantwortlichkeiten der föderalen Gebiete und Austauschbarkeit der gewählten Amtsinhaber durch freie und faire Wahlen oder Amtsenthebungsverfahren (siehe amerikanisches *Impeachment*).

Manfred G. Schmidt (2019: 385) hat die Funktionserfordernisse von Demokratie zu einer Art Standardmodell der Bestimmung einer prozeduralen Demokratie zusammengefasst:

»1) Aufteilung staatlicher Exekutivgewalt
2) zivile Kontrolle polizeilicher und militärischer Gewalten
3) breit gestreute Machtressourcen
4) eine politische Kultur, in der ein hoher Anteil der Bevölkerung vitalen Selbstentfaltungswerten anhängt und die Demokratie unterstützt
5) Wertschätzung individueller Autonomie und Freiheit, die Trennung von Staat und Kirche sowie ein hoher Säkularisierungsgrad
6) eine Wirtschaft und eine Politik, die für beträchtliche Sicherheit der Lebensführung einer großen Mehrzahl der Staatsbürger:innen sorgt
7) das Fehlen einer größeren Anti-System-Partei oder mehrerer einflussreicher demokratiefeindlicher Parteien
8) stabil verwurzelte Traditionen der Zügelung der Staatsgewalten
9) eine ethnisch relativ homogene Bevölkerung oder im Falle ethnischer Heterogenität die friedliche, typischerweise konkordanzdemokratische Regelung von Konflikten zwischen den Ethnien
10) völkerrechtliche Unabhängigkeit und unstrittige Grenzen
11) ein internationales Umfeld, in dem demokratische Nachbarn anstelle von Autokratien vorherrschen
12) Barrieren gegen eine Einparteiendominanz im Parlament und in der Regierung
13) mit einiger Regelmäßigkeit erfolgende Regierungswechsel, sodass die Verlierer von Wahlen auf die Chance eines zukünftigen Machtwechsels zählen können.«

Die Aspekte eines zumeist voranschreitenden Wirtschaftswachstums und einer abnehmenden sozialen Ungleichheit gehören für nicht wenige Politikwissenschaftler:innen zu den zentralen Voraussetzungen für eine funktionsfähige, persistente Demokratie (Przeworski et al. 1996; vgl. auch Lipset 1981). Ebenso wird eine nicht allzu große Lücke zwischen politischer Gleichheit und sozialer Ungleichheit (Shklar 1998) sowie eine ausgebaute »soziale Demokratie« mit liberalem Korporatismus (Dryzek 1996) als demokratiestützender Faktor wahrgenommen. Gleichzeitig bedarf es einer gewissen Enthaltung oder Apathie gegenüber der Demokratie, sodass nicht alle Bürger:innen stets partizipieren wollen. Gleichzeitig dürfen sich auch nicht zu wenige Bürger:innen am politischen Willensbildungsprozess beteiligen, sonst fehlt es an politischer Unterstützung (Schmidt 2019: 385). Ideal ist eine klassische *civic culture* nach Almond und Verba (1963; vgl. auch Lipset 1981; Easton 1979), die eine gesunde Mischung aus den verschiedenen Faktoren beinhaltet.

Aus ähnlichen Konzeptionen entwickelt Wolfgang Merkel (2010) sein Konzept der *embedded democracy*, das als Kurzfassung des obigen Standardmodells der Funktionsvoraussetzungen der Demokratie nach Schmidt verstanden werden kann. Auch dieses Konzept fußt auf der Idee einer prozeduralen liberalen Demokratie, die in ein gesellschaftliches Umfeld und funktionierende staatliche Strukturen eingebettet ist. Diese Einbettung mildert Destabilisierungstendenzen und schützt so den Kern der Demokratie. Der Kern besteht aus den einzelnen Teilregimen der Demokratie (A–E, ► Abb. 3.1), die jeweils funktional verschränkt sind und dadurch ihren Bestand sichern. Aus diesem Ansatz leitet sich z. B. der Bertelsmann Transformation Index (► Kap. 6) ab. Die Demokratiebewertung nach *Freedom House* (► Kap. 6.3) ist wiederum Teil des Konzeptes der *embedded democracy (politische Freiheiten und bürgerliche Rechte)*. Die Kombination mit der Demokratietheorie und der Demokratiemessung macht das Konzept fruchtbar für eine theoriegeleitete, empirisch inspirierte Beschäftigung mit der Demokratie. Ein funktionierender Staat ist in Merkels Konzept Teil einer Zivilgesellschaft, in der sich die Bürger:innen selbst organisieren und Einstellungen sowie Verhaltensweisen gegenüber dem politischen System entwickeln können. Hier knüpft das Konzept der politischen Kultur und damit der politischen Unterstützung (S. Pickel/G. Pickel 2006) an.

Das Wirtschaftssystem schafft die ökonomischen Voraussetzungen für die Etablierung und Aufrechterhaltung einer Demokratie. Hierzu passen die Ansätze der Modernisierungstheorie, insbesondere nach Lipset (1959; 1981) und Inglehart (1997). Die Einbettung der Demokratie hat ihre Wurzeln in soziologischen Ansätzen des Strukturfunktionalismus (AGIL-Schema nach Parsons 1951) und der Systemtheorie Luhmanns (1984). Eine normative Komponente wird durch die Bedingung der sozialen Gerechtigkeit in die *embedded democracy* eingeführt. Merkel postuliert, dass sich die Bürger:innen nur unter dieser Voraussetzung gleichberechtigt an der politischen Willensbildung beteiligen und ihre Rechte aus den Kernkomponenten wahrnehmen können.

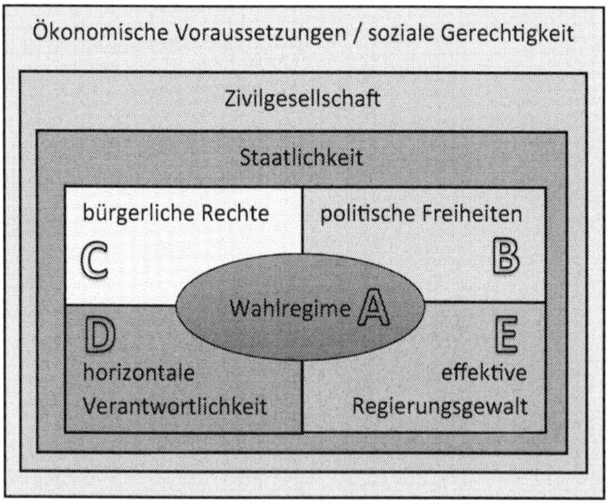

Abb. 3.1: *Embedded democracy* nach Merkel 2010.

Was sind die Kernkomponenten der *embedded democracy* und wie hängen sie miteinander zusammen (Merkel 2010: 31–33)? Die entscheidende Komponente A ist das *Wahlregime*. Es übernimmt in der Demokratie die Aufgabe, den Zugang zu den zentralen staatlichen Herrschaftspositionen über einen offenen Wettbewerb an die Stimmabgabe der Bürger:innen zu binden. Ohne ein funktionierendes Wahlregime darf kein politisches System eine Demokratie genannt werden. Das Teilregime B, die *politischen Freiheitsrechte*, definiert den offenen Raum, in dem kollektive Meinungs- und Willensbildungsprozesse stattfinden. Die *bürgerli-*

chen Rechte, Teilregime C, stellen individuelle Schutzrechte dar, die den rechtlichen Schutz von Leben, Freiheit und Eigentum gewähren. Sie sorgen für Schutz vor ungerechtfertigter Verhaftung, Exil, Terror, Folter oder unerlaubter Einmischung in das Privatleben. Gewaltenteilung und *horizontale Verantwortlichkeit*, Teilregime D, ermöglichen eine gegenseitige Kontrolle von Exekutive, Legislative und Judikative. Teilregime E, die *effektive Regierungsgewalt*, »betont die Notwendigkeit, dass es tatsächlich die gewählten Repräsentanten sind, die regieren« (Merkel 2010: 33).

Ist das Teilregime A, das Wahlregime, beschädigt, entspricht das politische System nicht mehr den Anforderungen an eine Demokratie. Wird eines der anderen Teilregime so stark beschädigt, dass das Zusammenwirken der Komponenten zumindest teilweise in seiner Funktion eingeschränkt ist, kann nicht mehr von einer intakten rechtsstaatlichen Demokratie ausgegangen werden. Die Demokratie ist *defekt*. Merkel unterscheidet je nach den konkreten Einschränkungen der Teilregime vier Formen defekter Demokratien sowie Autokratie als Gegenpart des Obertypus Demokratie. Beginnen wir mit der Frage: Welche Herrschaftsformen stehen eigentlich im Gegensatz zur Demokratie?

3.2 Die Opponenten der Demokratie: Autokratien und totalitäre Herrschaft

Der direkte Opponent der Demokratie in der Demokratieforschung ist die Autokratie. Folgt man den Überlegungen von *Juan Linz* (1926–2013), finden sich in der Realität verschiedene Regimeformen, die als autokratisch bezeichnet werden können (Linz 1975; 2000). Grundsätzlich kann innerhalb der autokratischen Systeme erst einmal zwischen *autoritären und totalitären Regimen* unterschieden werden (Linz 1975; Lauth et al. 2014: 10). Die autoritären Regime rangieren in einem Kontinuum zwischen der Demokratie und den totalitären Regimen. Während totalitäre Regime eine vollumfassende (totale) Kontrolle ihrer Bürger:innen anstreben, begnügen sich autoritäre Regime mit der Kontrolle der Herrschaft, ohne weitreichend in die Gesellschaft eingreifen zu wollen. Linz fügte den angesprochenen Regimetypen noch personalistische Herrschaften (z. B. *Caudillismo*,[6] *Caciquismo*,[7] absolutistische Monarchie, oligarchische Demokratie, Sultanismus) hinzu und verzichtete zu seiner Zeit noch auf die Zusammenfassung unter dem Sammeltypus Autokratie (Linz 2000: 112–113; G. Pickel 2010).

An diese Überlegungen schließt auch Wolfgang Merkel (2010: 24) an und sieht die Frage nach der Herrschaft der Regierenden über die Regierten als zentrales Unterscheidungsmerkmal. Dazu gehören bei ihm:

- der *Zugang zur Herrschaft* – ist er offen oder geschlossen?
- das *Herrschaftsmonopol* – liegt die Herrschaft bei einer oder mehreren Personen und sind diese durch Wahlen legitimiert?
- die *Herrschaftsstruktur* – ist sie pluralistisch (Gewaltenteilung) oder monistisch (Gewaltenverschränkung)?
- den *Herrschaftsanspruch* – ist er auf das Politische begrenzt oder unbegrenzt bis ins Private hinein?
- die *Herrschaftsweise* – ist sie rechtsstaatlich oder willkürlich?
- und die *Herrschaftslegitimation* – liegt die Souveränität beim Volk oder wird Herrschaft durch eine Ideologie legitimiert?

Zwischen den Polen Demokratie (offene Herrschaft) und Totalitarismus (geschlossene Herrschaft) finden sich bei Merkel weitere teils demokratische, teils autokratische Herrschaftsformen (▶ Tab. 3.1). Speziell der Untertypus der defekten Demokratie ergänzt die bereits bei Linz vorliegende Aufteilung.

---

6 *Caudillismo* ist »ein Typus autoritärer Herrschaft, der nicht institutionell verankert ist, sondern primär auf den persönlichen Führungsqualitäten des bzw. der Herrschenden beruht« (Waldmann 1978: 194, zitiert nach Hofmann 2010: 206).

7 *Caciquismo* ist eine mexikanische Variante des Caudillismo, die ihre Macht aus einer lokalen oder regionalen Basis bezieht, sie durch informelle politische Netzwerke von Vetternwirtschaft und personalisierten Patron-Klient-Arrangements ausübt, beständig taktisch Gewalt anwendet oder androht, manipulierte ideologische Symbole benutzt und eine Art »Mittelsmannrolle« einsetzt, um zwischen dem Staat und nationalen Strukturen einerseits und der lokalen Bevölkerung andererseits zu vermitteln (Joseph 1980: 48).

Tab. 3.1: Demokratie vs. Autokratie

	Demokratie		**Autokratie**	
	Rechtsstaatliche Demokratie	**Defekte Demokratie**	**Autoritäres Regime**	**Totalitäres Regime**
Herrschafts-legitimation	Volks-souveränität	Volks-souveränität	Mentalitäten	Weltan-schauung
Herrschafts-zugang	offen (universelles Wahlrecht)	offen (universelles Wahlrecht)	restriktiv (u. U. Wahl-recht, aber keine oder nur einge-schränkt pluralistische freie und fai-re Wahlen)	geschlossen (statt allg. Wahlrecht akklama-torische Plebiszite)
Herrschafts-anspruch	begrenzt (rechtsstaatlich definierte und garantierte Grenzen)	begrenzt (rechtsstaat-lich definierte, aber verletzte Grenzen)	umfangreich	unbegrenzt (»total«)
Herrschafts-monopol	durch Wahlen und demokrati-sche Verfassung legitimierte Autoritäten	durch Wahlen und demokra-tische Verfas-sung legiti-mierte Autori-täten, u. U. von Veto-mächten ein-geschränkt	Führer/ »Oligarchie« (nicht oder u. U. nur teil-weise durch Wahlen legitimiert)	Führer/Par-tei (nicht durch demokrati-sche Wah-len und de-mokratische Verfassung legitimiert)
Herrschafts-struktur	pluralistisch	pluralistisch	semi-pluralistisch	monistisch
Herrschafts-weise	rechtsstaatlich	beschädigte Rechtsstaat-lichkeit	begrenzt repressiv	willkürlich, systematisch repressiv, terroristisch

Quelle: Merkel 2010: 24.

In der Gruppe der autoritären Regime finden sich unterschiedlichen Subtypen (▶ Tab. 3.2). Die Vielfalt der Regime ist in dieser Kategorie sogar an höchsten. Folgt man Linz (1975; 2000) und Merkel (2010: 23–26), dann kann man idealtypisch z. B. unvollkommene oder prätotalitäre politische Regime, posttotalitäre Regime, Rassen- und ethnische »Demokratien«, autoritäre Mobilisierungsregime (einmal in post-demokratischen, ein anderes Mal in postkolonialen Gesellschaften) und bürokratisch-militärische Regime unterscheiden. Linz kennzeichnet autoritäre Regime durch drei Merkmale: (1) begrenzter Pluralismus, (2) keine umfassend formulierte Ideologie, (3) weder extensive noch intensive Mobilisierung. Totalitäre Regime grenzen sich von diesen durch *fehlenden Pluralismus* und eine *starke Ideologie* ab. Allerdings verweist Linz selbst darauf, dass seine Typenbildung an einigen Stellen wenig trennscharf ist und reale Regime den Typen nicht immer eindeutig zugeordnet werden können. Gleichwohl hat sich das Einteilungsschema in der Transformations- und Demokratieforschung weitgehend durchgesetzt, ist es doch praktisch, um unterschiedliche Regimetypen vergleichen zu können.

Neben der Unterscheidung von Linz (1978) sind noch die Typisierungen von Geddes (1999), Snyder (2006) und Hadenius/Teorell (2007) zu nennen (auch Köllner 2008). Sie ordnen ihre Typen durchweg entlang der Kombination von Herrschaftsausübenden und Art der Herrschaftsausübung. So kommen sie zu variierenden empirischen Typisierungen: Geddes (1999) unterteilt Militärregime, Parteienregime und personalisierte Regime. Hadenius und Teorell (2007) klassifizieren neben den Militär- und Parteienregimen Monarchien als dritte autoritäre Option und ordnen Staaten, die nicht eindeutig zu den Demokratien zu zählen sind, als autoritäre Regime ein. Hybride wie totalitäre Regime werden bei Hadenius und Teorell den autoritären Regimen zugeordnet. Länder werden bei ihnen nur dann als defekte Demokratien verstanden, wenn sie die Grundbedingungen von Demokratie erfüllen und geringere Defizite in der Demokratiequalität aufweisen (G. Pickel 2009; 2010: 183, 186). Schedler (2006) hingegen erkennt *hybride Regime* als eigenständige Regimeformen, die als elektorale oder Wahlautokratien die für Demokratien zentralen Wahlen nur unregelmäßig oder eingeschränkt umsetzen sowie weitere Aspekte der Demokratie verletzten und eindeutig autokratische Merkmale erkennen lassen. Skaaning (2021) führt die

Tab. 3.2: Systeme zwischen Demokratie und Totalitarismus

ideale Demokratie ⟵ **Kontinuum politischer Regime** ⟶ perfektes totalitäres System

Demokratieformen			**Autokratieformen**	
Demokratie	Defekte Demokratie[6]	Hybrides Regime	Autoritäres Regime	Totalitäres Regime[1]
		Realtypen		
Mehrheits-D. Konsensus-D. Präsidentielles Regierungssystem Parlamentarisches Regierungssystem	Exklusiv Enklaven-D. Illiberal Delegativ	Beschränktes Mehrparteienregime[2] (elektorale oder Wahl-Autokratien) Exklusive Demokratien Mehrparteien-Autokratien Semi-pluralistische Autokratien[3]	*nach Modus des Machterhalts:*[4] Militärregime (Absolutistische) Monarchie (Ein-)Parteien Regime *nach Herrschaftsträgern:*[5] Partei-, Militär- und personalistische Diktaturen *nach Herrschaftsformen:*[6] Kommunistisch Faschistisch Korporatistisch Rassistisch Modernisierungs-R. Theokratisch Dynastisch Sultanistisch Autoritäre Renten-R.	Faschistisch Kommunistisch Theokratisch (Ideologischer Totalitätsanspruch)

Quelle: Eigene Zusammenstellung unter Bezug auf [1]Linz 1974; [2]Schedler 2006; [3]Skaaning 2020; [4]Hadenius/Teorell 2006; [5]Geddes 1999; Lauth 2006; Kailitz/Köllner 2012: 13–14; [6]Merkel 2010: 25.

Funktion von Wahlen in hybriden Systemen detaillierter aus: Machthaber benutzen Wahlen, um (oppositionelle) Herausforderer zu kooptieren, um durch hohe Wahlsiege Stärke zu demonstrieren und konkurrierende Parteien und Politiker:innen zu demotivieren, um den Bürger: innen und oppositionellen Gruppen ansatzweise das Gefühl politischer Repräsentierung zu geben und um für sich selbst Legitimität zu generieren. Exklusive Demokratien gehören deshalb nach Skaanings Ansicht, anders als bei Merkel, bereits zu den hybriden Regimen, weil das Wahlrecht stark eingeschränkt ist oder Frauen nicht wahlberechtigt sind (Skaaning 2020: 6, 9). Er betrachtet exklusive Demokratien stärker aus der historischen Perspektive mit massiv eingeschränktem Wahlrecht, während Merkel eher gegenwartsbezogen argumentiert. Im Ergebnis sind hybride Regime immer Regime im Graubereich zwischen Demokratie und Autokratie, die Wesenszüge beider politischer Systeme in sich vereinen.

Zentrale Formen auf der Seite der Autokratien sind *absolutistische Monarchien*, im Unterschied zu konstitutionellen. Sie sind in der Regel in der Neuzeit auf dem Rückzug und wurden insbesondere im Zuge der Aufklärung, aber auch der Verbreitung des Sozialismus zurückgedrängt. Ihre Legitimität bezogen absolute Monarchien aus einem religiösen Überbau und aus Traditionen. In der Regel konnten sie sich auf einen auf seine Privilegien bedachten Adel verlassen.

An die personenzentrierten absoluten Monarchien schließen *Führerdiktaturen* an. Zumeist setzen diese auf charismatische Führungspersönlichkeiten. Viele dieser Persönlichkeiten legen Wert darauf, dass sie aufgrund ihrer Beliebtheit innerhalb des Volkes die Macht verdienen und somit *für* das Volk immer die richtigen Entscheidungen treffen. Die Führer:innen versammeln eine Gruppe von Personen um sich, die ihnen treu ergeben ist oder sich von ihrer Unterstützung Nutzen und Machtgewinn verspricht. Juan Linz charakterisiert die Führerdiktaturen unter dem Aspekt des *Sultanismus*. Dies impliziert ein System von Abhängigkeiten und Wohltaten, mit dem weitere Gesellschaftsmitglieder motiviert werden, einen Aufstand gegen den:die Führer:in zu vermeiden – profitieren sie doch vom Regime in der bestehenden Form. Im Laufe der Zeit wandeln sich personalisierte Autokratien gelegentlich und versuchen, einen breiten bürokratischen Apparat zu installieren, der häufig als Überwachungsapparat fungiert. Klassische Beispiele für Führerdiktaturen finden sich im Nationalsozialismus und im Mussolini-Faschismus. Doch auch heute existieren entsprechende Führungspersönlichkeiten, die ihre persönliche Beliebtheit zumeist mit einer stark nationalistischen oder sozialistischen Ideologie zu stützen versuchen (siehe z. B. Nordkorea, Vorderasien etc.).

Die größte Schwierigkeit für personalisierte Autokratien ist der – biologisch bedingte – Führungswechsel. Nicht selten werden, quasi im Sinne einer Erbmonarchie, eigene Kinder in Position für die Nachfolge gebracht. Allerdings bringt jeder Wechsel in der Führung das Risiko mit sich, dass er durch andere Mitglieder der Machthabergruppe zum eigenen Machterwerb genutzt werden kann. Zudem fällt in allen Übergangszeiten das Charisma der ursprünglichen Führungspersönlichkeit weg. Teilweise versucht man, dies durch Glorifizierung auf eine:n Nachfolger:in zu übertragen. Ein diesem Prinzip verhafteter erfolgreicher Machtübergang kann in Nordkorea beobachtet werden.

Ein weiterer Typus autoritärer Regime sind *Militärdiktaturen*. Sie entstehen zumeist infolge einer kritischen Situation im Regime oder in einer Demokratie und kommen mit dem Versprechen der Wiederherstellung von Ordnung und Sicherheit an die Macht. Ihre Überlebenszeit ist meist begrenzt, da Militärregimen eine längerfristige Legitimation in der Bevölkerung fehlt. Gleichwohl können sie kurzfristig Legitimität auf sich vereinen, wie es z. B. in der Türkei und im Griechenland der 1970er Jahre der Fall war.

Eine letzte besondere Form von Autokratien sind *Theokratien*. Sie sind in der Moderne äußerst selten geworden. Wie Monarchien – nur in einem stärkeren Ausmaß – beziehen sie ihre Legitimität aus einer religiösen Begründung. Entsprechend hängen in Theokratien die Gesetzgebung und die Legitimität der Herrschenden von religiösen Gesetzen ab. Zu den wenigen existierenden Theokratien zählen heute der Vatikan, Iran und mit leichten Abstrichen Saudi-Arabien.

Lange Zeit ging man von einem kaum zu stoppenden Demokratisierungsprozess aus (s. o.). Man glaubte, die Entwicklung zu einer Demokratie sei quasi-evolutionär, ein Prozess, den Staaten früher oder später zwangsläufig durchlaufen. Seit den späten 1990er Jahren ist jedoch erhebliche Skepsis an dieser Sichtweise aufgekommen, teilweise wurde sogar von einem »*rollback*« gesprochen, in dem die Autokratie zurückkehre (Albrecht/Frankenberger 2010: 37–38; Brownlee 2007; G. Pickel 2013). Auf jeden Fall stehen die Fragen im Raum, warum ein Teil der Autokratien den Weg der Transformation zur Demokratie beschreitet, der andere Teil dagegen nicht, und warum manche Demokratien wieder autokratisch werden. Neben der Differenzierung autokratischer Systeme in Typologien (s. o.) kamen so die Bedeutung von Institutionen (Gandhi 2008), Akteuren und Ressourcenverfügbarkeit (Ross 2001; Smith 2006) ins Blickfeld der Autokratie- wie Demokratieforschung. Zudem wurden Schwellen, Bedingungskonstellationen und konkrete Gründe des Verharrens im autokratischen Status oder eines Umbruchs weg von der Demokratie herausgearbeitet (Geddes 1999; Hadenius/Teorell 2007; Teorell 2010).

Eine ideologisch bedingte Legitimität (G. Pickel 2013; S. Pickel/Stark 2010) – zu der nationalistische Argumentationsmuster zu zählen sind – oder aber spezifische Ressourcenverfügbarkeiten konnten als zentrale Gründe für diese Stabilität ausgemacht werden. So wie Öl- oder Diamantvorkommen autokratischen Regimen die Möglichkeit eröffnen, Ressourcen zur Befriedigung der Bevölkerung oder zumindest wichtiger Gruppen in den Ländern zu verteilen (Ross 2006), können ein forcierter Nationalismus oder aber eine sozialistische Überbetonung der Gleichheit zur Abstützung einer Autokratie verwendet werden. Während die Ideologie und der Nationalismus auch auf die freiwillige Unterstützung durch die Bürger:innen bauen, sind es auf der anderen Seite Geschenke an die Bürger:innen und ein – für meist ausgesprochen korrupte Autokratien ungewöhnlicher – Wohlstand, die Herrschaft sichern. In beiden Fällen findet sich oft ein weitverbreiteter Populismus, um Unterstützung für die eigenen Ziele zu schaffen. Ebenfalls hilfreich ist ein äußerer Feind, gegen den man die eigene Nation mobilisieren und verteidigen muss. Damit wird deutlich: Auch heute noch existieren Autokratien – und auch heute noch stehen sie den Demokratien als Referenzmodell in vielfältiger Form gegenüber. Damit sind Autokratien ein weiterer zentraler Inhalt der Demokratieforschung (Kailitz 2009; Kailitz/Köllner 2012).

3.3 Defekte Demokratien und hybride Regime

Wie aufgezeigt, führt eine Konzentration auf eine binäre Unterscheidung zwischen Demokratie und Autokratie teilweise in die Irre. Mittlerweile ist man sich in der Demokratieforschung überwiegend einig, dass es eine Vielzahl von Zwischenstadien gibt. Zumeist handelt es sich um Übergangsstadien (Teorell 2010) zwischen Demokratie und Autokratie, allerdings können sie auch einen dauerhaften Zustand erreichen. Von zentraler Bedeutung hierfür ist, dass sie in die Klassifikation *hybride Regime* eingeordnet werden können, also Regime des Zwischenstadiums, die Kennzeichen der Demokratie genauso aufweisen wie Kennzeichen der Autokratie. Hybride Regime unterscheiden sich von reinen Autokratien durch die Existenz zumindest einiger grundlegender Merkmale, die Demokratien zugerechnet werden. Sie unterscheiden sich von reinen Demokratien durch eine verminderte Funktionsfähigkeit oder gar das Fehlen bestimmter Merkmale demokratischer politischer Systeme. Einschränkungen des jeweiligen Idealtypus (»*diminished subtype*«; Collier/Levitsky 1997; Lauth et al. 2014) werden oft mit Adjektiven gekennzeichnet (siehe z. B. die Bezeichnung »gelenkte Demokratie«). Von verminderten Subtypen oder defekten Demokratien spricht man, wenn zumindest das Kernmerkmal von Demokratien, *freie* und *faire* Wahlen, noch vorliegt. Ist dieses Merkmal »Wahlen« stark eingeschränkt und treten weitere Merkmale autoritärer Regime hinzu (▶ Tab. 3.2 und die Erläuterungen von Skaaning hierzu), dann handelt es sich um ein hybrides Regime, das im Gegensatz zu verminderten Subtypen Eigenschaften beider politischer Systeme in sich trägt.

Die Transformationsforschung über Osteuropa und über den sogenannten »Arab Spring«, ging davon aus, dass hybride Regime sich in der Regel auf dem Weg zur Demokratie befinden und nur noch nicht konsolidiert seien (»*democracy bias*«; G. Pickel 2009; Howard/Walters 2015). Inzwischen weiß man: Hybride Regime können einen eigenen, manchmal stabilen, Regimestatus erreichen (Collier/Levitsky 1997; Diamond 1999: 24–63; Merkel et al. 2003; Schmotz 2014: 561; zur Klassifikation: Kailitz/Köllner 2012).

Im Gegensatz zu hybriden Regimen überwiegt in *defekten Demokratien* die Erfüllung demokratischer Prinzipien, speziell die Gewährleistung freier Wahlen. In defekten Demokratien sind Kernprinzipien der Demokratie verletzt, in ihrer Funktionsfähigkeit eingeschränkt oder wirken nicht korrekt zusammen. Allerdings funktionieren (manche) Kernprinzipien (noch). Merkel (2010: 38–39) unterscheidet exklusive Demokratien, Enklavendemokratien, illiberale und delegative Demokratien, je nachdem, welches Teilregime beschädigt ist (▶ Abb. 3.1). Eine *exklusive Demokratie* liegt dann vor, wenn Segmente der erwachsenen Bevölkerung vom Wahlrecht ausgeschlossen sind. In einer *Enklavendemokratie* entziehen Militär, Milizen oder Wirtschaftskonzerne den demokratisch gewählten Repräsentanten den Zugriff zu bestimmten Politikbereichen. Wird die Möglichkeit der Judikative eingeschränkt, Exekutive und Legislative zu kontrollieren, handelt es sich um eine *illiberale Demokratie*: Bürgerliche Freiheits- und Schutzrechte sind nicht mehr vollständig gegeben. In einer *delegativen Demokratie* umgehen die Regierungen das Parlament und wirken auf die Justiz ein, d. h. die Funktionsfähigkeit der Legislative wird beschädigt. Diese Regierungen werden meist von einem charismatischen Regierungschef geführt.

Als Paradebeispiel einer illiberalen Demokratie auf dem Weg zur elektoralen Autokratie gilt *Ungarn* (vgl. Lorenz/Anders 2020). Im Rahmen der Corona-Pandemie hat das Parlament eine Notstandsgesetzgebung verabschiedet, die dem Regierungschef umfangreiche Rechte einräumt, per Dekret zu regieren. Das Parlament kann den Notstand zwar jederzeit aufheben, tritt aber während seiner Gültigkeit nicht zusammen (▶ Kap. 5.3). Erst auf großen Druck der Europäischen Union und unter der Gefahr, Zuschussgelder zu verlieren, lenkte Ungarn im Juni 2020 ein und hob die Notstandsgesetzgebung vorerst wieder auf. Dies ist nur ein Beispiel für das »Spiel« defekter Demokratien mit autokratischen Maßnahmen, denn in Ungarn bestehen weiterhin Einschränkungen der Wissenschaftsfreiheit und freier (nicht staatlich kontrollierter) Medien. Insgesamt sind defekte Demokratien in ihrer Persistenz stärker gefährdet als intakte Demokratien und stehen unter dem Risiko, leichter in autokratische politische Systeme abzudriften.

Überwiegen in einem hybriden Regime die Eigenschaften von Autokratien, so spricht man von elektoralen bzw. *Wahl-Autokratien* (Schedler

2006; Kailitz/Köllner 2012) oder von Wettbewerbsautokratien (Levitsky/Way 2002; 2010). Wahl-Autokratien sind hybride Regime, in denen die Merkmale von Autokratien überwiegen. In Wahl-Autokratien werden aber zumindest eingeschränkt freie Parlaments- und Regierungswahlen abgehalten. Der:die jeweilige Amtsinhaber:in profitiert jedoch von einem eingeschränkten politischen Wettbewerb. Meist durch eine massive oder alleinige Kontrolle der Medien und aufgrund einer gezielten Besetzung von Schlüsselämtern werden die Fairness der Wahlen eingeschränkt und Behinderungen des Herrschaftserhalts so gut wie möglich ausgeschlossen. Diese Wettbewerbsverzerrung zugunsten der Amtsinhaber:innen ist in elektoralen Autokratien so stark, dass eine Einordnung als eingeschränkte oder defekte Demokratie nicht mehr möglich ist (Schmotz 2014: 562). Zur Medienkontrolle treten oft noch starke Verletzungen bürgerlicher Freiheiten und rechtsstaatlicher Grundprinzipien sowie eine eingeschränkte zivile Kontrolle über die Streitkräfte.

Dreh- und Angelpunkt einige Ansätze zur Diskussion um die Stabilität hybrider Regime sind die bereits mehrfach angesprochenen Wahlen. Folgt man der Demokratietheorie, so stellt sich die Frage: Destabilisieren Wahlen als genuines Merkmal von Demokratien nicht *per se* autokratische Systeme, die bereits einen Wettbewerbscharakter tragen? Schmotz (2014: 564–565, ▶ Tab. 3.3) unterscheidet (a) *elektoralistische Theorieansätze*, für die selbst hegemoniale oder halbfreie Wahlen einen Weg in Richtung Freiheit und Demokratie darstellen, (b) *strukturalistische Ansätze*, die das Kräfteverhältnis von Amtsinhaber:in und Opposition im politischen Wettbewerb vor den Wahlen betrachten, und (c) *neoinstitutionalistische Ansätze*, die im Kontext von Regierung, Opposition und Wähler:innen das Verhalten und die Entscheidungen von politischen Akteur:innen im Wettbewerb um Wählerstimmen erklären. Ein Ansatz, der ohne Rekurs auf Wahlen auskommt, versucht, eine Demokratisierung hybrider Regime durch eine enge politische und gesellschaftliche Bindung an demokratische Nachbarstaaten zu erklären (Levitsky/Way 2010). Hier geht es um hegemoniale Machttheorien. Entwicklungen in diesen Regimen würden vor allem von den Interessen bedeutender Nachbarstaaten abhängen (z. B. Länder im Umfeld der Großmächte China, USA und Russland).

Tab. 3.3: Erklärungsansätze für den Wandel hybrider Regime

Erklärungsansatz		Mechanismus	abhängige Variable	Beispielstudien
Wahlansätze	elektoralistische Ansätze	Wirkung von Wahlen *per se*	Regimewandel	Hadenius/Teorell 2007, Brownlee 2009
	strukturalistische Ansätze	Wahlen als Transmissionsriemen	Regimewandel, Regierungswechsel	Bunce/Wolchik 2009
	neoinstitutionalistische Ansätze	Wahlen kanalisieren Akteursentscheidungen	Akteursverhalten, Regierungswechsel, Regimewandel	Schedler 2013
Ansätze ohne Wahlfokus		Transitionsforschung	Regimewandel, Regierungswechsel	Levitsky/Way 2010

Quelle: Schmotz 2014: 656.

Die Stabilität von hybriden Regimen und defekten Demokratien kann mit diesen Ansätzen allerdings nicht erklärt werden. Hierfür eignet sich ein Modell besser, das auf die Legitimation der Herrschaft in kompetitiven Autokratien abzielt (Kailitz 2013; Kailitz/Wurster 2017). Legitimation meint hier

> »alle Maßnahmen eines politischen Regimes, die darauf zielen, freiwillige Gefolgschaft oder zumindest Fügsamkeit mithilfe politischer Verheißungen, Versprechungen und konkreter Maßnahmen zu erzeugen, unabhängig davon, ob diese erfolgreich sind, also ob es mittels dieser Verheißungen, Versprechungen und Maßnahmen gelingt, die Herrschaft tatsächlich durch die Erzeugung von Gefolgschaft zu stabilisieren« (Kailitz/Wurster 2017: 142).

Legitimation dient der Herstellung der Überzeugung bei den Bürger:innen, die politische Herrschaft sei rechtmäßig (Legitimitätsglaube/empirische Legitimität), was zugleich die autokratischen Eliten stabilisiert und sie in der Überzeugung bestärkt, ihre Herrschaft sei rechtmäßig. Die Legitimation kann sich (1) auf den Nationalstaat, (2) auf das autokratische Regime, (3) auf konkrete politische Autoritäten oder (4) auf politische Entscheidungen beziehen. Legitimation und Legitimität sind dabei nicht gleichzusetzen.[8] Greift man auf die Legitimation der Nation und des Nationalismus zurück, so muss dies noch lange nicht eine Legitimität unter den Bürger:innen mit sich bringen – sie kann dies aber. Genießen die genannten Institutionen bzw. Akteure den Legitimitätsglauben der Bürger:innen, stehen die Chancen gut, dass das autoritäre Regime stabil bleibt. Traditionen, bestimmte Verfahren und Institutionen zur Entscheidungsfindung bzw. Ergebnisse dieser Entscheidungen und Ideologien können dazu dienen, autokratische Herrschaft zu legitimieren (Kailitz/Wurster 2017). Legitimität wird dabei im Sinne Webers als Anerkennung der Herrschaft bei den Herrschaftsunterworfenen gesehen und kann aufgrund unterschiedlicher Prinzipien entstehen. Die autokratischen Systeme bleiben so lange stabil, wie diese Legitimationsstrategien die Bürger:innen überzeugen und Legitimität erzeugen (auch G. Pickel 2013). Ein bekanntes Beispiel sind die dem Sultanismus zuzuordnenden Rentierstaaten, die ihre Bürger:innen aufgrund von hohem Ressourcenaufkommen (z. B. Erdöl) versorgen können, ohne ihnen Steuern auferlegen zu müssen. In diesen Staaten wird unfreiwillig politische Freiheit gegen ökonomische Sicherheit eingetauscht.

3.4 Das Demokratieverständnis der Bürger:innen

Wie nehmen die Bürger:innen Diskrepanzen zwischen demokratischen Elementen und autokratischen Entwicklungen wahr, zwischen dem, was

8 Legitimation heißt Rechtfertigung für politisches Handeln auf der Basis von Verheißungen, Versprechungen, Maßnahmen, Verfassungen oder Gesetzen. Legitimität bedeutet Anerkennungswürdigkeit eines politischen Systems aufgrund der Normen und Werte, auf denen es basiert (normative L.), bzw. die faktische Anerkennung dieses politischen Systems durch seine Bürger:innen (empirische L.).

sie vielleicht einmal im Rahmen ihrer schulischen politischen Sozialisation als »demokratisch« erlernt haben, und dem, was ihnen tagtäglich in der politischen Realität begegnet? Teilen die Bürger:innen überhaupt eine gemeinsame Definition von Demokratie (Schubert 2012; 2016)? Lange wurde angenommen, die Bürger:innen verstünden alle das Gleiche unter »Demokratie« – meist Freiheit oder bürgerliche Rechte. Es ist aber durchaus berechtigt zu hinterfragen, *ob die Bürger:innen die Definitionen der Wissenschaft teilen*. So werden Charakteristika der Demokratie, wie z. B. Meinungsfreiheit, anscheinend uneinheitlich gedeutet: Heißt Meinungsfreiheit, dass jede:r alles sagen darf? Oder heißt Meinungsfreiheit, dass die Meinung anderer zu respektieren ist und die Gegenmeinung gehört werden soll?

Demokratie ist offensichtlich nicht selbsterklärend. Will man wissen, was die Bürger:innen unter Demokratie verstehen, dann muss man sie fragen. Man kann dies auf zwei Arten tun: (1) Man legt ihnen standardisierte Antworten vor und bittet sie um eine mehr oder weniger zustimmende Antwort auf die jeweiligen Fragen (sog. *geschlossene Fragen*). Die Antworten sind somit von den Forschenden vorgegeben und können von den Proband:innen nicht verändert werden. Die Antworten erfassen das Bedeutungsspektrum, das dem:r Forscher:in bekannt ist oder das getestet werden soll. Oder man legt ihnen (2) eine Frage ohne Antwortvorgaben vor und lässt die Proband:innen selbst antworten, was sie persönlich für wichtige Kennzeichen einer Demokratie halten (sog. *offene Fragen*). Die Ergebnisse der Studien sind sich im Wesentlichen ähnlich: Die meisten Befragten, und dabei spielt es keine Rolle, ob sie mit offenen oder geschlossenen Fragen befragt werden (Cho 2015), nennen Elemente einer *liberalen* Demokratie, meist freie Wahlen, Freiheiten (Meinungs- und Pressefreiheit), politische Gleichheit und somit oftmals eher prozedurale Kriterien. Einige beziehen substantielle Aspekte der sozialen Sicherheit und ökonomischen Prosperität mit ein (z. B. in Ungarn, Polen und Spanien, siehe dazu Barnes/Simon 1998, oder in Mexiko, Crow 2010), die jedoch nicht als Konkurrenz zu den Kriterien einer liberalen Demokratie formuliert werden.

Die Kenntnis der Bürger:innen über die einzelnen Elemente, die ein demokratisches politisches System beschreiben, variieren allerdings zwischen den Weltregionen: Ein (westlich-liberales) Demokratieverständnis ohne autoritäre »Beimischungen« ist in westlichen Staaten mit Abstand am höchsten, in Afrika, Südostasien und dem Nahen Osten am geringsten. Die Diskrepanz zwischen den Weltregionen ergibt sich aus der Kombination der Eigenschaften, die der Demokratie zugeschrieben werden: Die meisten Menschen erkennen zwar die essentiellen Charakterzüge von Demokratie, halten aber widersprüchliche Attribute ebenfalls für demokratisch (Cho 2015). Dabei entsteht die Frage, ob es sich bei solchen Abweichungen vom (westlich geprägten) wissenschaftlichen Demokratieverständnis um fassadenhafte Verzerrungen des Demokratiebildes durch Herrschende handelt, die ihre eigene Macht legitimieren wollen, oder um tatsächliche kulturelle Varianten von Demokratie. Letzteres würde der Fall sein, wenn der Ethnozentrismusvorwurf gegenüber westlichen Demokratieverständnissen zuträfe. Gleichzeitig muss man damit vorsichtig sein, weil dieser Vorwurf, wenn er überzogen wird, undemokratische Regierungsformen legitimieren kann – und im ungünstigsten Fall wird er selbst wiederum ethnozentristisch, da er implizit »nicht-westlichen« Nationen keine Demokratiefähigkeit im Sinne liberaler Demokratie zugestehen will.

Kommen wir zurück zur Bestimmung des Demokratieverständnisses: Sowohl die geschlossene als auch die offene Befragungsmethode sind in der Lage, Verständnisunterschiede innerhalb von Gesellschaften zu identifizieren. Der Vorteil der offenen oder qualitativen Befragung liegt darin, die Verständnisdifferenzen (Pluralität) exakter bestimmen zu können. Die Antworten geben Auskunft darüber, ob die Befragten die volle Breite möglicher Merkmale der Demokratie erfassen, ob sie Schwerpunkte setzen und ob sie sich bei der Nennung und der Variation der Kernkriterien unterscheiden (Schaffer 2014). Selbst wenn Eigenschaften genannt werden, die nicht zum Grundbestand der Kriterien einer (liberalen) Demokratie gehören, ist die offene Befragung eher in der Lage, Art und Umfang dieser Abweichung zu erfassen (Hybridität; Schubert 2016: 290). Eine quantitative Abfrage kann diese Differenzierung nur dann und auch nur eingeschränkt leisten, wenn nicht-demokratische Kriterien ausdrücklich abgefragt werden (siehe Alvarez/Welzel 2011). Betrachten wir im Folgenden die vorliegenden Zugänge.

3.4.1 Standardisierte Befragungen

a) Bedeutung der Kriterien liberaler Demokratie

Ferrin und Kriesi (2016) ermitteln anhand der Bevölkerungsumfrage des *European Social Survey* 2012 die Bedeutung verschiedener Kriterien einer liberalen Demokratie für die Bürger:innen und fragen, ob diese im eigenen Land verwirklicht sind. Sie unterscheiden das Verständnis von Demokratie danach, wie wichtig bestimme Eigenschaften der Demokratie für die Bürger:innen sind (▶ Abb. 3.2). Kerneigenschaften einer liberalen Demokratie – Rechtsstaatlichkeit, freie und faire Wahlen, sowie Responsivität und Medienfreiheit – wünschen sich die meisten Bürger in Ost- und Westeuropa. Während in Westeuropa eine stärkere Tendenz zu Rechtstaatlichkeit, zum Schutz von Minderheitenrechten und zur Berücksichtigung europäischer Interessen feststellbar ist, präferieren die osteuropäischen Bürger:innen eher die Möglichkeit, die Regierung für schlechte Politik abstrafen zu können, und direktdemokratische Mitwirkungsmöglichkeiten sowie eine Sozialstaatspolitik zur Umverteilung von materiellen Gütern. Die soziale Komponente im Demokratieverständnis der europäischen Bürger:innen ist kontextsensitiv und wird insbesondere in Zeiten ökonomischer Krisen oder bei Ländern, die keine EU-Mitglieder sind, virulent (S. Pickel 2016: 334). Das Bedürfnis nach sozialer Sicherheit in ökonomischen Krisen und das Ideal einer von starker Sozialpolitik geprägten politischen Herrschaft (Abb. 3.2, linke Spalte) erklären, weshalb weniger Menschen in Ost- als in Westeuropa erkennen können, dass ihre Wünsche und Erwartungen an eine soziale Politik in der Realität ihrer jeweiligen Staaten umgesetzt werden.

Gerade in Osteuropa wird eine Umsetzung der Kriterien einer sozialliberalen Demokratie in der Realität der Alltagspolitik häufig schmerzlich vermisst. Dies ist auch in Westeuropa der Fall, allerdings in geringerem Umfang. Besonders betroffen sind die Bereiche Rechtsstaatlichkeit, Schutz vor Armut, Umverteilungspolitik und ein responsiver Umgang der Regierenden mit den Regierten (Abb. 3.2, rechte Spalte).

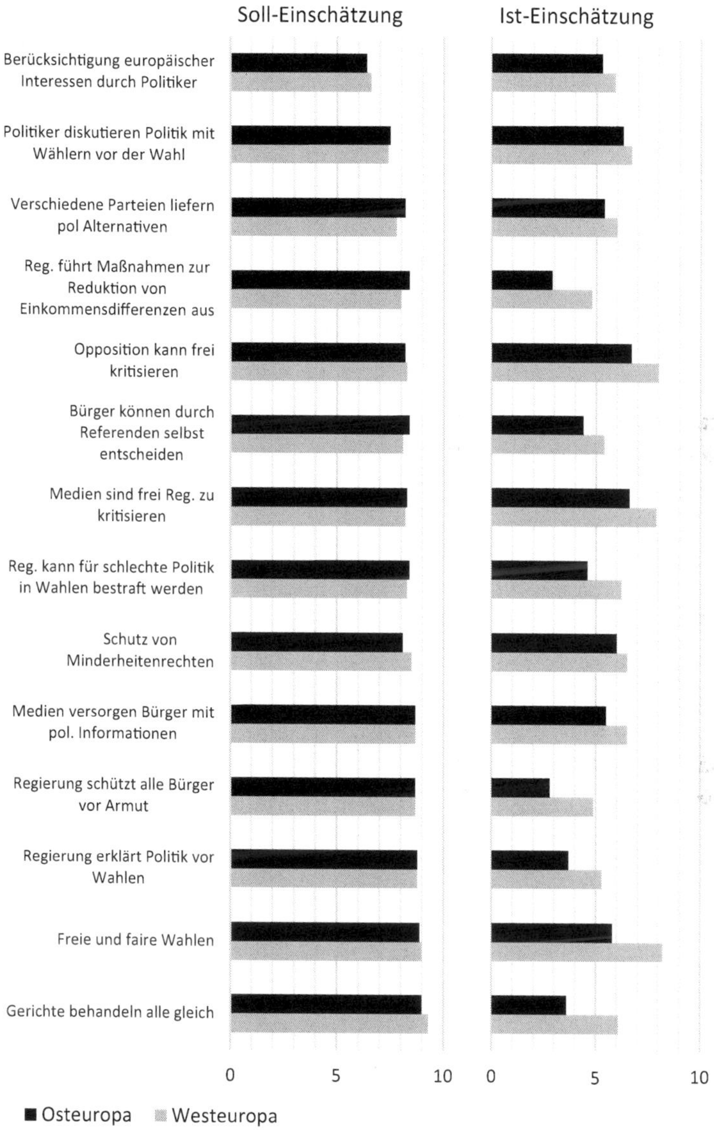

Abb. 3.2: Soll und Ist der Demokratieeinschätzungen 2012 in Europa. Quelle: ESS 2012; Mittelwerte einer Skala mit elf Antwortvorgaben; entnommen G. Pickel 2020: 125.

b) Demokratieverständnisse mit autoritären Beimischungen

Alvarez und Welzel (2011: 5) fragen danach, ob zehn bestimmte vorgegebene Prozeduren »wesentliche Merkmale von Demokratien« sind (▶ Tab. 3.4). Aus der Kombination der Antworten schließen sie auf das spezifische Demokratieverständnis von Bevölkerungsgruppen. Dabei identifizieren sie vier Konzepte von Demokratie (Welzel 2013: 310): *Liberale Demokratien*[9] zeichnen sich durch gleiche Freiheiten aus (gebildet aus den Merkmalen »freie Wahlen« (1), »gleiche (politische) Rechte« (2), »Bürgerrechte« (3) und »Referenden« (4)). Für *soziale Demokratien* ist redistributive Gerechtigkeit charakteristisch (gebildet aus »ökonomischer Umverteilung« (9) und »Wohlfahrtsstaat« (10)), *populistische Demokratien* versorgen ihre Bürger:innen mit »bread and butter« (7) und »law and order« (8) und *autoritäre Demokratien* sehen zusätzliche Kompetenzen für das Militär (6) oder religiöse Führer (5) vor.

Die Demokratievorstellung der Bürger:innen, die ausschließlich aus Elementen der liberalen Demokratie gebildet wird (Merkmale 1–4), kann von Verständnissen unterschieden werden, die auch anti-liberale (Merkmale 5 und 6) und nicht-liberale, populistische Attribute (Merkmale 7 und 8) enthalten.

Die Zusammensetzung der Demokratieverständnisse variiert zwischen einzelnen Weltregionen zum Teil erheblich (▶ Abb. 3.3). »A basic understanding of democracy has apparently diffused widely around the globe […]. [D]emocracy embodies human values and […] most people understand these principles« (Dalton et al. 2007: 147), wenn auch nicht alle gleichermaßen *innerhalb* der jeweiligen Gesellschaften.

Es ist deutlich zu erkennen, dass die Vorstellungen von einer liberalen Demokratie weit verbreitet sind. Gleichzeitig wird deutlich, dass viele Menschen nicht zwischen Eigenschaften einer liberalen Demokratie (Merkmale 1–4 aus Tab. 3.4) und alternativen Kriterien (Merkmale 5–8) unterscheiden können, die kein Bestandteil einer Demokratie mehr

---

9 Um eine liberale Demokratie erschöpfend zu bestimmen, benötigt man deutlich mehr Indikatoren. Alvarez und Welzel beziehen sich auf eine Skala von möglichen Eigenschaften, die im World Values Survey abgefragt wurde. Sie stellt eine Verkürzung der Kennzeichen liberaler Demokratien auf bestimmte Kernvariablen dar.

Tab. 3.4: Demokratieverständnisse zwischen Demokratie und Autokratie

<table>
<tr><th></th><th colspan="10">Anzahl der Demokratiemerkmale</th></tr>
<tr><th></th><th>1</th><th>2</th><th>3</th><th>4</th><th>5</th><th>6</th><th>7</th><th>8</th><th>9</th><th>10</th></tr>
<tr><td>I</td><td>Freie Wahlen</td><td>Gleiche Rechte</td><td>Bürgerliche Freiheiten</td><td>Referenden</td><td>Religiöse Autorität</td><td>Militär</td><td>Brot und Butter</td><td>Law und Order</td><td>Ökonomische Umverteilung</td><td>Wohlfahrts-Staat</td></tr>
<tr><td>II</td><td colspan="4">Liberale (prozedurale) Definition</td><td colspan="2">Anti-Liberale Definition</td><td colspan="2" rowspan="2">Nichtliberale (populistische) Definition</td><td colspan="2" rowspan="3">Neutrale (soziale) Definition</td></tr>
<tr><td>III</td><td colspan="6">Liberale vs. Anti-Liberale Definition</td></tr>
<tr><td>IV</td><td colspan="8">Liberale vs. Alternative Definition</td></tr>
</table>

I bis IV: Niveaus der Generalisierung. Quelle: Alvarez/Welzel 2011.

sind oder zumindest Übergänge in alternative politische Systeme darstellen. Im sog. »protestantischen Westen« erkennen beispielsweise ca. 85 % der Bürger:innen die Eigenschaften einer liberalen Demokratie. Ca. 77 % der Bürger:innen verstehen zusätzlich, dass die Merkmale 5–8 keine Eigenschaften der liberalen Demokratie sind. In der sog. »muslimischen Kernzone« hingegen erkennen ca. 79 % der Bürger:innen die Kennzeichen einer liberalen Demokratie, aber nur 55 % können sie zudem von Merkmalen autokratischer (5 und 6) oder illiberaler (7 und 8) Regime unterschieden. Sogenannte »informierte Demokraten« (»liberal vs. alternative definition of democracy«, ▶ Tab. 3.4), die klar zwischen den Eigenschaften autokratischer und demokratischer politischer Systeme unterscheiden können, finden sich insgesamt über alle Untersuchungsgebiete seltener als Bürger:innen mit einer einfachen Vorstellung von einer liberalen Demokratie. Dies gilt in den etablierten westlichen Demokratien wie in anderen kulturellen Regionen der Welt.

Da allerdings keine der hier einbezogenen Umfragen auf der differenzierten offenen Erhebungsform oder einer vorherigen (offenen) qua-

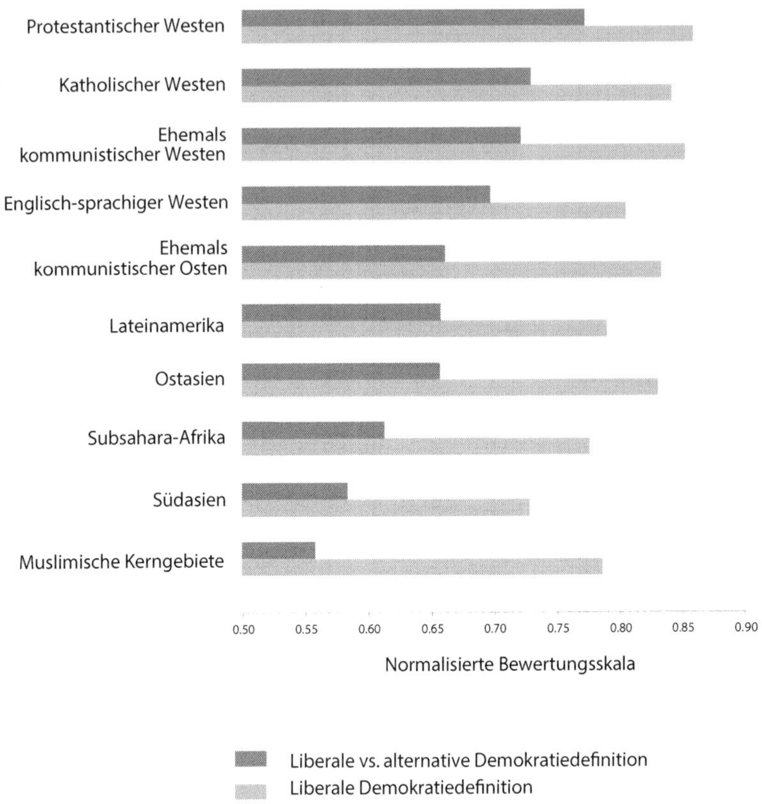

Abb. 3.3: Liberale und alternative Demokratievorstellungen nach Alvarez/Welzel 2011.

litativen Befragung von Bürger:innen beruht, bleiben alle Versuche, ein differenziertes Demokratieverständnis der Bürger:innen zu ermitteln, letztlich von vorgelagerten theoretischen Annahmen über die »korrekten« Eigenschaften einer (meist liberalen) Demokratie abhängig.

3.4.2 Nicht-standardisierte Befragungen

Eine zweite Möglichkeit, das Demokratieverständnis zu ermitteln, sind sog. offene Fragen: Den Bürger:innen wird eine Frage nach der Bedeutung der Demokratie gestellt und sie können frei und ohne Vorgaben antworten. Die Beantwortung ist anspruchsvoller als die Wiedererkennung einzelner vorgegebener Kriterien: Die Befragten müssen die Kriterien selbstständig kennen und deren Bedeutung für Demokratie mit eigenen Worten formulieren können. Dafür laufen offene Befragungen weniger die Gefahr, durch Vorgaben die Vorstellungen der Wissenschaftler:innen zu replizieren (Dalton et al. 2007: 145; Canache 2012: 1139). »In general, open-ended questions are intended exclusively to *identify* the specific terms with which people associate with democracy, and discern their dimensions and complexity« (Shin/Kim 2018: 230). Offene Fragen wurden bislang v. a. in internationalen Befragungen des Afrobarometer (2001, 2005, 2016), des Asiabarometer (2001–2003 und 2005), des Latinobarometer (2001, 2002, 2005, 2006) sowie in den 1990er Jahren in einzelnen nationalen Erhebungen in Österreich, Spanien, Japan und den USA sowie in einer Umfrage in Deutschland und Osteuropa von Hans-Dieter Klingemann und Bernhard Weßels Anfang der 1990er Jahre gestellt.

Der Berlin-Monitor 2019 enthält eine offene Frage, die an diese Erhebungen angelehnt ist: »Derzeit wird in der Öffentlichkeit viel darüber diskutiert, was Demokratie eigentlich ist. Was sind für Sie persönlich die wichtigsten Merkmale der Demokratie?« Es konnten bis zu fünf Eigenschaften genannt werden (▸ Tab. 3.5).

Freiheit ist das Merkmal, das am stärksten mit Demokratie verbunden wird, das den meisten Bürger:innen sofort einfällt, wenn sie nach ihrem Verständnis von Demokratie gefragt werden. Mit Abstand landet das zentrale Kriterium der wissenschaftlichen Definition – die freien Wahlen – auf Platz 2. Mitbestimmung ist eine Eigenschaft der Demokratie, die sowohl viele Formen der Partizipation im politischen Prozess als auch Mitbestimmung in Betrieben umfasst. Soziale und politische Gleichheit sowie Rechtsstaatlichkeit sind weitere Kriterien, die der Berliner Bevölkerung wichtig sind, wenn sie an Demokratie denken. Andere mögliche Merkmale wie Sozialstaatlichkeit, politische und zivile Kontrolle, materielle Rechte, Frieden und Sicherheit, die Existenz von Parteien sowie die Auffassung, dass Bürger:innen in der Demokratie nicht nur Rechte, sondern auch Pflichten haben, werden in den Befragungen nur selten erwähnt. Bemerkenswert: Gar nicht genannt werden Eigenschaften, die keine Merkmale liberaler oder sozialer Demokratien sind.

Tab. 3.5: Demokratieverständnis in offener Befragung

Demokratiemerkmal	Anteil der Nennungen
Freiheiten	62,4 %
Freie Wahlen	27,5 %
Mitbestimmung	24,7 %
Gleichheit	18,1 %
Rechtsstaat	13,9 %
Sozialstaat	5,5 %
Kontrolle	5,4 %
Materielle Rechte	2,0 %
Frieden und Sicherheit	1,6 %
Parteien	1,5 %
Bürgerrechte und Bürgerpflichten	1,4 %

Quelle: Berlin-Monitor 2019; eigene Berechnung; Mehrfachnennungen möglich.

Autokratische Aspekte wie eine Sehnsucht nach einer starken Führungspersönlichkeit, die Abschaffung des Mehrparteiensystems oder eine Abwendung von der repräsentativen Demokratie durch die Etablierung rein direktdemokratischer Verfahren kommen nicht vor. Die Bürger:innen sehen in der Demokratie durchaus etwas, was den Bestimmungen in institutionellen Demokratietheorien nahekommt. Offensichtlich handelt es sich bei der Berliner Bevölkerung mehrheitlich um informierte Demokrat:innen, wenn sie auch im Durchschnitt nur zwei Merkmale der Demokratie spontan aufzählen können. Dies gibt den zusätzlichen Hinweis, dass eine eher oberflächliche Kenntnis der Eigenschaften liberaler Demokratien die Regel ist. Man bezieht sich allein auf recht allgemeine Grundprinzipien. Gleichwohl zeigt sich eine klare Präferenz für ein Demokratieverständnis: Für die meisten Berliner ist individuelle Freiheit entscheidend; sie sind also Anhänger des Leitbildes einer liberalen Demokratie. Das Auftreten tieferer Kenntnisse der Demokratiemerkmale ist eng mit dem Bildungsgrad der Befragten verbunden: Je höher der Schulabschluss, desto eher sind die Bürger:innen in der Lage, ein breites Spektrum von Eigenschaften der Demokratie zu benennen.

Diese Dominanz eines auf Freiheit ausgerichteten Verständnisses von Demokratie findet sich auch in anderen Umfragen (Afrobarometer; G. Pickel 2016) und zeigt, dass allen kulturspezifischen Unterschieden zum Trotz das Konzept der auf individuelle Freiheiten ausgerichteten liberalen Demokratie das Bild von Demokratie insgesamt prägt. So ist auch die Zugkraft der Demokratie wesentlich auf die Zugkraft des Zugewinns individueller Freiheiten zurückzuführen (Welzel 2013). Andere Elemente der Demokratie tauchen je nach Sozialmilieu, kultureller Prägung, Bildungsgrad und ideologischer Position auf, sie benötigen aber die freiheitliche Ausgestaltung des politischen Systems für seine Bürger:innen. Dies erklärt zum Teil, warum das Leitbild der liberalen Demokratie so häufig mit der Demokratie an sich gleichgesetzt wird.

3.5 Fazit – Was ist eine Demokratie, auch in den Augen der Bürger:innen?

Die Reflexionen über den Begriff Demokratie zeigen: Demokratie ist ein komplexes System. Allerdings ist Demokratie dabei begrifflich weder ambivalent noch unbestimmt. Die Demokratie steht seit ihrer Entstehung und besonders in der Neuzeit im Gegensatz zur Autokratie und autokratischen Regimen. Gleichzeitig entwickelten sich und entwickeln sich immer wieder Misch- oder Zwischenformen. Während defekte Demokratien noch in der Mehrzahl demokratische Kriterien aufweisen, befindet man sich bei hybriden Regimen im Zwischenbereich und bei elektoralen Autokratien und Fassadendemokratien eigentlich schon jenseits der Demokratie. Zudem weiß man oft nicht, wohin die Entwicklung dieser politischen Systeme zwischen Autokratie und Demokratie gehen wird. Wichtig ist: Es gibt immer Alternativen zur Demokratie. Unterschiedliche Formen von Autokratien können ihr gegenüberstehen und sind auch weltweit in unterschiedlicher Ausbreitung zu finden. Erkennbar sind sie daran, dass sie mehrheitlich gegen die Kernprinzipien von Demokratie verstoßen – die Gewährleistung individueller Freiheit, Beteiligung, Gleichheit und die Möglichkeit der Kontrolle der Herrschenden. Die Zwischentypen, hybride Regime oder elektorale Autokratien, können weder der Demokratie noch der Autokratie vollständig zugeordnet werden; sie weisen immer Einschränkungen demokratischer Prinzipien auf. Nicht selten stellen sie Zwischenstadien im hochdynamischen Entwicklungsprozess von politischen Regimen dar.

Die Prinzipien der Demokratie äußern sich dabei nicht nur in der Verfestigung institutioneller Merkmale, sondern diese Merkmale werden in demokratischen politischen Kulturen seitens vieler Bürger:innen geteilt und als demokratisch verstanden. Dabei finden sich Nuancen in den Zustimmungsgraden wie auch größere Differenzen zwischen den als wichtig angesehenen Zielen der Demokratie und der Umsetzung dieser Prinzipien aus Sicht der Bürger:innen. In der zuletzt genannten Diskrepanz steckt ein Gefährdungspotential für die Demokratie, erzeugen solche Differenzen doch bei den Bürger:innen Unzufriedenheit bis Systemwiderstand. Entsprechend ist eine Demokratie gut beraten, ihre Prinzipien einzuhalten. Bemerkenswert ist der in Befragungen auffindbare, fast einhellige Kern des Demokratieverständnisses – individuelle Freiheit, Gleichheit und Rechtsstaatlichkeit machen in den Augen der Bürger:innen trotz kulturspezifischer Unterschiede in nahezu allen Ländern der Welt Demokratie aus und werden als wünschenswert angesehen. Diese Eigenschaften haben zumindest für lange Zeit die Attraktivität der Demokratie ausgemacht und ihre Ausbreitung maßgeblich befördert. Und entgegen mancher postkolonialistischen Kritik scheinen sehr ähnliche Beweggründe die Menschen für die Demokratie als Staatsform zu begeistern. Das schließt natürlich Variationen der realen Demokratie genauso wenig aus wie Fassadendemokratien oder Lippenbekenntnisse zur Demokratie.

Weiterführende Literatur

Acemoglu, Daron/Robinson, James A. (2006): *Economic Origins of Dictatorship and Democracy*. Cambridge: Cambridge University Press.

Albrecht, Holger/Frankenberger, Rolf (Hrsg.) (2010): *Autoritarismus Reloaded. Neuere Ansätze und Erkenntnisse der Autokratieforschung*. Baden-Baden: Nomos.

Alvarez, Alejandro Moreno/Welzel, Christian (2011): *How Values Shape People's Views of Democracy: A Global Comparison.* www.democracy.uci.edu/files/docs/conferences/2011/Moreno%20Welzel_Chapter.pdf [Zugriff: 02.04.2021].
Brooker, Paul (2009): *Non-Democratic Regimes.* Basingstoke: MacMillan.
Brownlee, Jason (2007): *Authoritarism in the Age of Democratization.* Cambridge: Cambridge University Press.
Collier, David/Levitsky, Steven (1997): Democracy with Adjectives. *World Politics 49*: 430–452.
Ferrin, Monica/Kriesi, Hanspeter (Hrsg.) (2016): *How Europeans View and Evaluate Democracy.* Oxford: Oxford University Press.
Geddes, Barbara (1999): What do we know about democratization after twenty years? *Annual Review of Political Science 2*: 115–144.
Gandhi, Jennifer/Przeworski, Adam (2007): Authoritarian Institutions and the Survival of the Autocrats. *Comparative Political Studies 40*: 1279–1301.
Hadenius, Axel/Teorell, Jan (2007): Pathways from Authoritarism. *Journal of Democracy 18*: 143–156.
Kailitz, Steffen (2009): Stand und Perspektiven der Autokratieforschung. *Zeitschrift für Politikwissenschaft 3*: 437–488.
Kailitz, Steffen (2013): Classifying political regimes revisited: Legitimation and durability. *Democratization 20*: 38–59.
Kailitz, Steffen/Köllner, Patrick (Hrsg.) (2013): *Autokratien im Vergleich.* (Politische Vierteljahresschrift, Sonderheft 47.) Baden-Baden: Nomos.
Lauth, Hans-Joachim (2015): Regime in der Vergleichenden Politikwissenschaft: Autokratie und Demokratie. In: Lauth, Hans-Joachim/Kneuer, Marianne/Pickel, Gert (Hrsg.): *Handbuch Vergleichende Politikwissenschaft.* Wiesbaden: Springer VS: 123–140.
Levitsky, Steven/Way, Lucan A. (2010): *Competitive Authoritarianism. Hybrid Regimes After the Cold War.* Cambridge: Cambridge University Press.
Linz, Juan J. (2000): *Totalitäre und autoritäre Regime.* Berlin: Berliner Debatte Wissenschaftsverlag.
Merkel, Wolfgang/Puhle, Hans-Jürgen/Croissant, Aurel (2003): *Defekte Demokratien. Band 1: Theorien und Probleme.* Wiesbaden: Westdeutscher Verlag.
Merkel, Wolfgang (2010): *Systemtransformation. Eine Einführung in die Theorie und Empirie der Transformationsforschung.* Wiesbaden: Springer VS.
Moore, Barrington (1966): *Social Origins of Dictatorship and Democracy: Lord and Peasant in the Making of the Modern World.* Boston: Beacon Press.
Pickel, Susanne (2016): Konzepte und Verständnisse von Demokratie in Ost- und Westeuropa. In: Schubert, Sophia/Weiß, Alexander (Hrsg.): *»Demokratie« jenseits des Westens.* (Politische Vierteljahresschrift, Sonderheft 51.) Baden-Baden: Nomos: 318–342.
Ross, Michael (2006): *A Closer Look at Oil, Diamonds, and Civil War.* Annual Review of Political Science 9: 265–300.
Schedler, Andreas (2006): *Electoral Authoritarism. The Dynamics of Unfree Competition.* Boulder: Lynne Rienner.

Smith, Benjamin (2004): Oil Wealth and Regime Survival in the Developing World, 1960–1999. *American Journal of Political Science 48*: 232–246.
Svolik, Milan (2008): Authoritarian Reversals and Democratic Consolidation. *American Political Science Review 102*: 153–168.
Teorell, Jan (2010): *Determinants of Democratization. Explaining Regime Change in the World, 1972–2006.* Cambridge: Cambridge University Press.

4 Die Ausbreitung der Demokratie

4.1 Entstehungsmomente der Demokratie

Sieht man einmal von den demokratischen Versuchen in der griechischen Geschichte ab, so führte der Weg zur Demokratie maßgeblich über den schrittweisen Ausbau der Mitbestimmungsrechte der Bürger:innen in grundsätzlich noch anders organisierten Staatsformen. Genau genommen, kann man von einem Legitimitätsverlust der alternativen Herrschaftsformen sprechen, der die Etablierung der Demokratie ermöglichte. Zu ihrem Siegeszug kam es allerdings erst recht spät, so richtig eigentlich erst nach dem Zweiten Weltkrieg. Die ersten Ansätze, so etwas wie eine Demokratie zu etablieren, sind in Frankreich im Umfeld der Französischen Revolution, in Großbritannien sowie den USA zu beobachten. So finden sich in Großbritannien relativ früh Anfangsbewegungen für eine stärkere Berücksichtigung der Interessen der Bürger:innen. Diese genügen zwar heutigen Demokratiekriterien noch nicht, förderten jedoch eine die Bevölkerung halbwegs repräsentativ abbildende Herrschaft. So sollten die Herrscher:innen nicht mehr durch Gott oder aus Traditionen heraus bestimmt werden, sondern die Zustimmung der Bürger:innen besitzen. Man kann dies mit dem Begriff *Legitimität* erfassen. Im 18. und 19. Jahrhundert dominierte zuerst ein republikanisches Verständnis: Es ging weniger darum, einzelne Interessen einzubeziehen, als vielmehr um eine öffentliche Abbildung des Bürgerwillens als Kollektivwillen. Dieser Wille kommt maßgeblich aufgrund der Tugendhaftigkeit der Bürger:innen zustande, womit ein Interesse am Gemeinwesen gemeint ist. Anders gesagt, man appellierte und glaubte an die Vernunft der Menschen, sozial zu denken und im Sinne des *Gemeinwohls* zu handeln.

In Großbritannien kam es zu einem stufen- und schrittweisen Entwicklungsprozess, in dem immer mehr Rechte auf die Vertretung der Bürger:innen, das Parlament, übergingen. Diese Rechte fielen allerdings den Bürger:innen nicht einfach zu, sondern mussten – teilweise blutig – gegen die Monarchie erstritten werden. Hilfreich in den Auseinandersetzungen um bürgerliche Rechte war es, wenn die absoluten Monarchen das Volk in großer Zahl gegen sich aufbrachten und gleichzeitig ihre Repressionsinstrumente zu bröckeln begannen. Großbritannien ist hier ein besonders interessanter Fall – wurden diese Rechte doch der Monarchie abgetrotzt, ohne dass diese abgeschafft wurde. Durch die Einrichtung eines Parlamentes, das seine Befugnisse über die Zeit Schritt für Schritt ausdehnte, entwickelte sich Großbritannien damit quasi (entlang einer konstitutionellen Monarchie) zur ersten Demokratie. In den USA und Frankreich bildeten Revolutionen die konkreten Ausgangspunkte für die Etablierung der Demokratie. In den USA (1776), in Frankreich (1789) und in Haiti (1791) mussten sich die Bürger:innen ihre Rechte direkt erstreiten. Diese Rechte legten sie in der Folge in Verfassungen nieder, die einen dauerhaften Schutz gewährleisten sollten. Diese Form der »Demokratisierung« wurde zum Vorbild weiterer Demokratisierungsprozesse, die diesen Beispielen mit Verzögerung folgten.

Mit Beginn des 20. Jahrhunderts fanden mit Schwerpunkt im europäischen Raum starke Bewegungen in Richtung Demokratie statt. Sie waren von unterschiedlichen Modellen von Demokratie geprägt und standen zudem in scharfer Konkurrenz mit dem ebenfalls immer erfolgreicher werdenden Modell des Sozialismus bzw. Kommunismus. Zentrale Triebkräfte für diese Umbruchsentwicklungen liegen in der dynamisch fortschreitenden Modernisierung und Industrialisierung. Diese brachten, quasi als Nebeneffekt, die Ausbildung der Arbeiterbewegung und der Frauenbewegung mit sich. Zumeist beschränkte sich das Interesse zuerst darauf, generelle Mitspracherechte zu erlangen. Dies erklärt in gewisser Weise die bis heute zentrale Bedeutung von Wahlen, wurde deren Anerkennung doch als Herrschaftsabtretung der meist autoritären Herrscher:innen gesehen. Ein besonders starkes Interesse an Mitsprache besaß das aufstrebende Bürgertum. Es sah sich als zentrales Rückgrat der Staaten, das die bislang dominante Aristokratie verdrängte. Nicht mehr Herkunft, sondern Wohlstand rückte ins Zentrum der Begründung für Herrschaft. Trotz des gemeinsamen Interesses an Teilhabe deckten sich die Interessen des Bürgertums nicht immer mit denen der Arbeiterschaft, besonders dann, wenn letztere über ein größeres Eigentum verfügte. So kam es, dass das Bürgertum gelegentlich in widersprüchliche Interessenkoalitionen eingebunden war: mit der Arbeiterschaft gegen die Aristokratie für Mitsprache und Demokratie, mit der Aristokratie gegen die Arbeiterschaft, um den eigenen Besitz zu sichern und zu erweitern (Moore 1966). Deutschland vor 1945 ist ein Paradebeispiel für die Positionierung des selbstbewusster werdenden Bürgertums (Berg-Schlosser 2009: 45). Auch außerhalb Europas kam es zu einer Ausbreitung demokratischer Rechte. So wurde in Argentinien (1912) und in Uruguay (1919) das Wahlrecht eingeführt.

Nach dem ersten Weltkrieg kam es zu einer Vielzahl neuer Staatsgründungen und Wiederbegründungen (z. B. der baltischen Staaten und der Staaten in Nachfolge der K. u. K.-Monarchie in Österreich). Entlang der nationalstaatlichen Grenzen brachen sich (bis Anfang der 1930er Jahre) demokratische Bewegungen Raum (Berg-Schlosser 2009: 44, 46–48). Einige Staaten hatten es bereits vorher geschafft, sich zu demokratisieren: Hier sind neben Frankreich und Großbritannien u. a. die Niederlande, Belgien, die Schweiz und Schweden zu nennen. Andere Demokratien entwickelten sich erst, auch aufgrund des politischen und ökonomischen Drucks der neuen Weltmacht USA, nach dem ersten Weltkrieg. Zu der *ersten langen Welle der Demokratisierung* (Huntington 1996) gesellte sich eine kurze Konjunktur der Demokratie. Mit der einsetzenden Weltwirtschaftskrise der späten 1920er Jahre kam es zu einem Ende dieser Entwicklung und zu massiven Gegenbewegungen. In der Politik – und in Teilen vieler Bevölkerungen – war man der Meinung, dass mit einer stärker autoritären Herrschaftsform den massiven wirtschaftlichen und sozialen Problemen besser begegnet werden könne. In Kombination mit einem ansteigenden – teils stark ethnozentristisch geprägten – Nationalismus konnten Neues versprechende Ideologien Erfolge für sich verbuchen; viele gerade erst zu Demokratien gewordene Herrschaftssysteme wandelten sich wieder zu Autokratien (▶ Tab. 4.1). So wird für die Zeit nach 1922 – mit dem plakativen Startpunkt der Machtergreifung Mussolinis in Italien durch den »Marsch auf Rom« – eine erste *Gegenwelle der Demokratie* verortet. Sowohl in Europa als auch in Südamerika fielen die Demokratien faschistischen Bewegungen oder Militärcoups zum Opfer.

Verschiedene Faktoren erwiesen sich als bedeutsam dafür, ob es eine Demokratie schaffte, als solche zu überleben, oder ob sie sich in dieser Gegenwelle relativ schnell wieder in ein autokratisches Regime unterschiedlicher Ausprägung verwandelte. Als demokratieförderliche Umfeldbedingungen zu nennen sind: (1) eine Demokratieerfahrung vor dem ersten Weltkrieg, (2) das Fehlen einer starken Bourgeoisie bzw. eines starken Landadels mit Grundbesitz (Moore 1993), (3) eine günstige wirtschaftliche Entwicklung, (4) eine sozial und ethnisch relativ homogene Bevölkerung, (5) eine demokratische politische Kultur, (6) das Fehlen starker antidemokratischer Gruppen und Bewegungen, (7) ein zurückhaltendes Militär, (8) eine unabhängige Justiz und (9) die breite Anerkennung von Rechtsstaatlichkeit (Berg-Schlosser 2009: 46–47).

Beispielhaft lässt sich dies am *Deutschland* der Weimarer Republik (1918–1933) zeigen. Dort gab es einen starken und grundbesitzenden Landadel, der beim Reichspräsidenten Hindenburg einen großen Einfluss besaß. Eine demokratische politische Kultur sowie Demokratieerfahrung vor dem Krieg fehlten. Zudem wirkte sich die Existenz verschiedener, gut organisierter antidemokratischer Gruppen, ein durch den verlorenen Weltkrieg am Systemumsturz interessiertes bzw. ihm nicht entgegenstehendes Militär sowie eine beachtliche soziale und ethnische Heterogenität als ungünstig für die junge Demokratie aus. Alleine eine unabhängige Justiz, die allerdings oftmals durch die antidemokratischen Kräfte unterwandert war, und eine bis 1929 halbwegs in Tritt gekommene Ökonomie standen diesen ungünstigen Faktoren entgegen. Es ist daher nicht verwunderlich, dass Deutschlands Demokratie mit der Weltwirtschaftskrise zusammenbrach. Vor allem, da ein weiterer Faktor hinzukam: Man weiß heute, dass sich starke, charismatische Führungspersönlichkeiten auf Seiten der Antidemokraten als umsturzförderlich erweisen. Entsprechend verbreitete sich die personenzentrierte Autokratie in vielen Staaten der Erde (siehe z. B. Argentinien, Belgien, Deutschland, Italien, Japan, Polen, Norwegen, Ungarn und weitere; vgl. Berg-Schlosser 2009: 47; Huntington 1991: 14–15).

Tab. 4.1: Demokratisierung und Gegenwellen – betroffene Länder

Erste Welle 1828–1922	Erste Gegenwelle 1922–1942	Zweite Welle 1943–1962	Zweite Gegenwelle 1963–1974	Dritte Welle 1974–1995	Dritte Gegenwelle 1995–
Argentinien	Argentinien	Argentinien	Argentinien	Albanien	Armenien
Australien	Belgien	Belgien	Bolivien	Argentinien	Belarus
Belgien	Dänemark	Bolivien	Brasilien	Armenien	Georgien
Chile	Deutschland	Brasilien	Chile	Bangladesch	Haiti
Dänemark	Frankreich	Bundesrepublik Deutschland	CSSR	Benin	Fidschi
Deutschland	Italien	Botswana	Ecuador	Belarus	Kambodscha
Estland	Japan	Costa Rica	Griechenland	Bolivien	Niger
Finnland	Kolumbien	Bahamas	Indonesien	Brasilien	Nigeria
Frankreich	Niederlande	Barbados	Nigeria	Bulgarien	Pakistan
Großbritannien	Norwegen	Dänemark	Pakistan	Chile	Peru
Irland	Österreich	Ecuador	Peru	DDR	Sudan
Island	Polen	Frankreich	Philippinen	Ecuador	Surinam
Italien	Portugal	Griechenland	Südkorea	El Salvador	Thailand
Japan	Spanien	Indonesien	Türkei	Estland	Ukraine

Tab. 4.1: Demokratisierung und Gegenwellen – betroffene Länder – Fortsetzung

Erste Welle 1828–1922	Erste Gegenwelle 1922–1942	Zweite Welle 1943–1962	Zweite Gegenwelle 1963–1974	Dritte Welle 1974–1995	Dritte Gegenwelle 1995–
Kanada	Tschechoslowakei	Indien	Ungarn	Georgien	Zentralafrikanische Republik
Kolumbien	Ungarn	Italien	Uruguay	Ghana	
Litauen	Uruguay	Israel		Griechenland	
Lettland		Jamaika		Guatemala	
Neuseeland		Japan		Guinea-Bissau	
Niederlande		Kolumbien		Haiti	
Norwegen		Niederlande		Honduras	
Österreich		Nigeria		Indonesien	
Polen		Norwegen		Jugoslawien	
Portugal		Österreich		Kambodscha	
Schweden		Pakistan		Kapverden	
Spanien		Peru		Kroatien	
Schweiz		Philippinen		Lettland	
Tschechoslowakei		Sri Lanka		Litauen	

Tab. 4.1: Demokratisierung und Gegenwellen – betroffene Länder – Fortsetzung

Erste Welle 1828–1922	**Erste Gegenwelle 1922–1942**	**Zweite Welle 1943–1962**	**Zweite Gegenwelle 1963–1974**	**Dritte Welle 1974–1995**	**Dritte Gegenwelle 1995–**
Ungarn		Südkorea		Madagaskar	
Uruguay		Trinidad/Tobago		Malawi	
USA		Tschechoslowakei		Mali	
		Türkei		Mexiko	
		Ungarn		Niger	
		Uruguay		Polen	
		Venezuela		Portugal	
		Zypern		…	

Quelle: Merkel 2010: 130.

Die Machtübernahme erfolgte in unterschiedlichen Mustern (Linz 1978, ▶ Tab. 4.2). Entweder wurde (1) eine demokratisch gewählte Regierung durch eine gewaltbereite Gruppe mit Durchsetzungsmacht (z. B. Militärs) gestützt oder (2) es erfolgte eine schrittweise Änderung der Verfassung mit Kooption von wichtigen Personen und Parteien im Staat. Dies findet besonders in bereits defekten oder nur beschränkt etablierten Demokratien statt. Der deutsche Fall fügt sich zum Muster einer (3) Machtergreifung der Antisystemopposition mit einer mobilisierten gesellschaftlichen Massenbasis, während die Machtübernahme in Spanien das Paradebeispiel für (4) eine langfristige Durchsetzung in einem Bürgerkrieg darstellt (Merkel 2010: 133–134). Die Folge war allerdings oft die gleiche: nationalistisch geprägte, ideologisch rechtsgerichtete Diktaturen mit etatistischer und antiparlamentarischer Ausrichtung sowie einer starken Personenzentrierung setzten sich durch (Merkel 2010: 135).

Tab. 4.2: Muster des Zusammenbruchs von Demokratien in der Zwischenkriegszeit

	Muster	Beispiele
1	Es findet eine verfassungswidrige Absetzung einer demokratisch gewählten Regierung durch eine gewaltbereite Gruppe statt. Deren Zugriff auf die Macht wurde meist durch institutionelle Vorkehrungen für Notlagen des Landes erleichtert.	Argentinien, Brasilien, Portugal
2	Die Machtübernahme erfolgt durch eine Kombination von extrakonstitutionellen Schritten, wobei Teile der politischen Klasse des alten, teildemokratischen Regimes in die neue autoritäre Herrschaftsordnung kooptiert und eingebunden werden.	Japan, Rumänien, Bulgarien
3	Die Machtergreifung erfolgt durch eine gut organisierte Antisystemopposition mit einer mobilisierten gesellschaftlichen Massenbasis, die teilweise auf legalem Wege die Machtergreifung sichert.	Deutschland, Italien
4	Die Machtübernahme benötigt eine langfristige Auseinandersetzung mit einer demokratischen Opposition, ggf. im Bürgerkrieg.	Spanien

Quelle: Eigene Darstellung nach Merkel 2010: 133–134; Linz 1978: 81–88.

Dieser rechtsautoritäre Nationalismus, der zudem identitäre Überlegenheitsgefühle zur Stützung seiner nationalen Macht verwendete, ließ kriegerische Auseinandersetzungen wahrscheinlich werden – in Europa brach in der Folge der Zweite Weltkrieg aus. Der Druck eines gemeinsamen Feindes konnte gut genutzt werden, um zum einen die eigenen Bürger:innen zu einer gemeinsamen Identität zusammenzuschweißen und um zum anderen Not- und Ausnahmebedingungen zu begründen, mithilfe derer tiefreichende Repressionen etabliert und die letzten Reste der Demokratie, insbesondere des Rechtsstaates beseitigt werden konnten. Besonders ideologisch begründete Autokratien gewannen an Bedeutung und das Konzept totalitärer Regime etablierte sich – mit Referenz auf den Nationalsozialismus in Deutschland, den Faschismus in Italien und den Kommunismus in der UdSSR – als ein Bestimmungstyp autokratischer Herrschaft. Ebenfalls gelang es, den Drang nach individuellen Freiheiten durch eine Umlenkung auf kollektive Zugehörigkeiten und Ziele zurückzudrängen – und damit die zentrale Triebkraft für eine demokratische Entwicklung zu blockieren. Der Zweite Weltkrieg manifestierte für lange Zeit die weltweite Dominanz von Autokratien und markiert den Kulminationspunkt der ersten Gegenwelle einer Regression der Demokratie. Konnte man 1922 noch 29 Länder als Demokratien bezeichnen, waren es 1942 gerade einmal noch 12 (Huntington 1991: 26).

4.2 Die Expansion der Demokratie nach 1945

Erst in der Zeit nach dem Zweiten Weltkrieg gelang es der Demokratie, sich nachhaltig als Herrschaftsform auszubreiten. Insbesondere absolutistische Monarchien verloren an Einfluss und wurden verstärkt als überholte Herrschaftsform angesehen. Nicht nur die europäischen Weltkriegsteilnehmer kehrten zur Demokratie zurück, auch in Lateinamerika etablierte sich eine größere Zahl an Demokratien – teilweise ebenfalls erneut, nach ersten gescheiterten Versuchen in vorangegangenen

Jahrzehnten. Zuerst beschränkte sich diese Ausbreitung der Demokratie hauptsächlich auf die westliche Welt und hier auf die mit der neuen Weltmacht USA in Beziehung stehenden Gebiete und Länder. Vorangetrieben durch die Systemkonkurrenz zwischen der USA und der Sowjetunion, war die liberal-demokratische USA daran interessiert, ihren Systemtyp stärker in der Welt zu verbreiten. Hilfreich erwiesen sich hierfür Wünsche in der Bevölkerung, individuelle Freiheiten zu gewinnen. Gerade letzteres wird als die zentrale Zugkraft oder der Fluchtpunkt der Demokratieentwicklung auf der Ebene der politischen Kultur angesehen (Welzel 2003, 2013).

Prominente Beispiele demokratischer Entwicklungen in der Nachkriegszeit waren die auch in der *Civic Culture-Studie* (Almond/Verba 1963) behandelten Staaten Deutschland, Italien, Japan und Mexiko. In diesen Ländern konnte die Entwicklung von forcierten »Demokratien ohne Demokraten« zu einer demokratischen *Civic Culture* beobachtet werden. Gleichzeitig blieben Länder wie Spanien, Griechenland und Portugal bis in die 1970er Jahre hinein waschechte Autokratien mit starker Beteiligung des Militärs. Entsprechend breitete sich die Demokratie weder gradlinig noch kontinuierlich aus. Dieser Trend sollte sich nach 1945 fortsetzen. Trotz aller Kritik an den als »Wellenmetaphorik« beschriebenen Überlegungen Samuel Huntingtons (1991) erfolgte und erfolgt Demokratisierung anscheinend immer wieder in Schüben (Zimmerling 2003: 204–214). Demokratisierung, Ruhephasen, auch Rückschritte bzw. Gegenwellen zur Ausbreitung von Demokratie wechselten sich immer wieder ab. Dies zeigt sich mit und nach der ersten langen Demokratisierungswelle an der ersten Gegenwelle zwischen 1922 und 1942, lässt sich aber auch später identifizieren. Besonders in den Phasen zwischen 1958 und 1972 findet sich eine mit der Vorkriegszeit vergleichbare Welle der Entdemokratisierung oder eines »*Democratic Backlash*«. Sichtbar wird diese Entwicklung an der folgenden Tabelle (► Tab. 4.3), welche die Ausbreitung der Demokratie anhand des *Freedom House Index* darstellt.

Nachdem sich im Zuge der zweiten Demokratisierungswelle liberale und sozialdemokratische Demokratien hauptsächlich im europäischen Raum ausgebreitet hatten, zogen in den späten 1970er Jahren die Entwicklungen in Südeuropa sowie Lateinamerika und die ab 1990 in Osteuropa anbrechenden Transformationswellen nach. Sie wurden in

Tab. 4.3: Phasen der Demokratisierung und Wellen

Jahr	Demokratische Staaten	Nicht-demokratische Staaten	Zahl der Staaten	Anteil Demokratien	Wellenzuordnung
1922	29	35	64	45,3 %	Seit 1828 Erste Demokratisierungswelle
1942	12	49	61	19,7 %	1922–1942 Erste Gegenwelle
1962	36	75	111	32,4 %	1943–1962 Zweite Demokratisierungswelle
1973	30	92	122	24,6 %	1958–1972 Zweite Gegenwelle
1990	59	71	130	45,4 %	1974–1991 Dritte Demokratisierungswelle
1991 (FH)	89	91	180	49 %	1974–1991 Dritte Demokratisierungswelle (nach Freedom House)
1999 (FH)	120	71	191	63 %	1991–1999 Auslaufende dritte Welle
2010 (FH)	115	79	194	60 %	2000–2010 Stagnation
2015 (FH)	125	70	195	64 %	2010–2015 Kurzwelle (Arabischer Frühling)
2020	123	72	195	63 %	Seit 2015 Dritte Gegenwelle?

Quelle: Huntington 1991: 26; Ergänzung der Wellenzuordnung durch die Autor:innen; politische Regime mit weniger als einer Million Einwohner sind aus der Betrachtung ausgeschlossen (S. Pickel 2016: 435); Erweiterung der Tabelle durch die Verfasser:innen nach Daten von Freedom House (FH).

Abgrenzung zur westlich geprägten zweiten Demokratisierungswelle als dritte Welle der Demokratisierung bezeichnet (Merkel 2010: 129). Markanter Höhepunkt – aber nicht das Ende der dritten Welle – war der osteuropäische Umbruch 1989–1991. Bis Ende des Jahrtausends kann man von weiteren Ausläufern der dritten Demokratisierungswelle sprechen. Die in Südamerika und Osteuropa stattfindenden Prozesse schoben die Entwicklung zur Demokratie im asiatischen und afrikanischen Raum an, selbst wenn dort die Autokratien in der Überzahl bleiben. Mit dem Jahr 2000 setzte eine gewisse Stagnation der Entwicklungen ein. In diesem Zeitraum zeigte sich wiederum die Verwundbarkeit von Demokratie. Unter spezifischen Umweltbedingungen bröckelte in einigen Ländern die Qualität der Demokratie bzw. sogar ihre Grundprinzipien. Dies zeigt, dass die Entwicklung zu einer (vermeintlich stabilen) Demokratie nicht unumkehrbar ist. Rückentwicklungen sind immer möglich. So wurde erneut belegt, dass Demokratien ein Herrschaftssystem sind, das immerwährender Verteidigung seiner Prinzipien bedarf.

4.3 Viele Wege führen zur Demokratie? Transformation und Transition zur Demokratie

Im Zuge der Demokratisierungswellen der jüngsten Geschichte wuchs das Interesse an der Frage, warum einige Länder sich zu Demokratien entwickelten und andere Länder nicht. Diese Frage der Entwicklung und der Übergänge kann als Resultat der schwierigen und sprunghaften Ausbreitung der Demokratie in Lateinamerika und dann in Osteuropa angesehen werden. Die *Transformationsforschung* oder *Transitionsforschung* arbeitet daran, diese Grundfrage zu beantworten (▸ Kap. 3.2 und 3.3; Merkel 2010; Kollmorgen et al. 2015). Von großer Bedeutung erwies sich, den Transformationsprozess in unterschiedliche Phasen aufzuteilen: *Liberalisierung*, *Demokratisierung* und *Konsolidierung* (O'Donnell et al.

1986; Merkel 2010: 105). In der Regel folgen diese Phasen aufeinander, sie sind aber nicht trennscharf und können sich überlagern. Während in der Liberalisierungsphase die bislang bestehende Autokratie ins Wanken kommt und unter dem Druck der sich formierenden Opposition und der Bevölkerung erste Zugeständnisse in Richtung Demokratie machen muss, bezeichnet die Demokratisierungsphase den konkreten Umbruch und Herrschaftswechsel. Doch damit ist die Transition noch nicht abgeschlossen. Nicht selten erweist sich der Herrschaftswechsel nur als Wechsel zwischen zwei unterschiedlichen Formen der Autokratie. Erst wenn die etablierte Demokratie nicht wieder in eine autoritäre Herrschaftsform zurückfällt, sich also konsolidiert, kann der Transitionsprozess als gelungen und als wenigstens vorläufig abgeschlossen angesehen werden. Während es immer noch vorkommt, dass Studien die Gründe für den Zusammenbruch einer Autokratie und die Gründe für die Installation einer Demokratie vermischen, hat sich die Betrachtung der dritten Phase als (nahezu) selbstständiger Forschungszweig etabliert – die Konsolidierungsforschung (Beichelt 2001).

Huntington verweist auf die enge Verzahnung der Phasen Liberalisierung und Demokratisierung, die zeitlich nicht zwingend aufeinander folgen müssen. »Eine Trennung in Liberalisierungs- und Demokratisierungsphase liegt quer zur historischen Realität zahlreicher Systemwechsel der zweiten (Deutschland, Italien, Österreich, Japan) und dritten Demokratisierungswelle (Griechenland, Portugal, Argentinien, Rumänien)« (Merkel 2010: 105; S. Pickel 2016: 434–436). Gleichwohl wird diese Unterscheidung noch oft für die Abgrenzung der beiden Phasen verwendet.

Einen zentralen Ansatz zur Erklärung von Demokratisierung liefert erneut Samuel Huntington (1991: 30–49). Dafür greift er auf verschiedene vorliegende Erklärungsvorschläge zurück und kombiniert sie: zum einen auf die klassische sozioökonomische Modernisierungstheorie (Lipset 1959), die Modernisierung als Triebkraft der Demokratisierung ansieht, zum anderen auf Diffusionsprozesse oder die Vorbildfunktion der – eben oft ökonomisch erfolgreichen – Demokratien (Schmidt 2010: 435). Insbesondere das internationale Umfeld und supranationale Organisationen werden als Motoren eines »*Drifts*« hin zur Demokratie eingeschätzt. Huntington (1991) hält, im Kontrast zu anderen Ansätzen, in denen Faktoren, wie z. B. paritätische Verteilung der Machtressourcen unter den herrschenden Eliten oder die Korrespondenz zwischen politischer Struktur und politischer Kultur als günstig für die Ausbreitung von Demokratien gelten, eine Mischung aus Elitenformation (demokratischer Konsens innerhalb der politischen Elite), ökonomischer Entwicklung (weit entwickelt/industrialisiert) und kultureller Prägung (demokratisch/westlich) für entscheidend für den Demokratisierungserfolg.

Zudem können von Land zu Land unterschiedliche Konstellationen von Gründen für die Transition maßgeblich sein. So müssen sich nach einem Rückfall in eine autokratische Regimeform die Gründe für die erste und die zweite Transition zur Demokratie keinesfalls gleichen (S. Pickel 2016: 437). Ursachen für den Zusammenbruch eines autokratischen Regimes, die Installation eines demokratischen Regimes und dessen Konsolidierung sind also jeweils getrennt zu analysieren. Nur so wird man der hohen Komplexität des Demokratisierungsprozesses gerecht: Demokratisierung teilt sich in mehrere Phasen, in denen an verschiedenen Orten und in verschiedenen Regionen teils unterschiedliche Konstellationen von Faktoren ursächlich für die Transition sind. Entsprechend können Transitionen sowie ihre Verankerung zwischen den Fällen variieren (Huntington 1991: 39). Dies drückt Huntington in sechs Theoremen aus (► Tab. 4.4).

Die Theoreme spiegeln die Widersprüchlichkeiten sowie Ambivalenzen der Transitionen wider. Gleichzeitig lassen sie verschiedene inhaltliche Erklärungsmöglichkeiten auf dem Weg zum gleichen Ergebnis offen. Von zentraler Bedeutung ist allerdings immer wieder die erfolgreiche *Modernisierung* des beobachteten Gebietes. Gelingt die politische und sozioökonomische Modernisierung, dann fördert dies die Wünsche in der Bevölkerung nach Freiheit (Welzel 2013: 249–330). Bleiben Modernisierungsschübe und die Ausbreitung emanzipatorischer Werte aus, dann schwinden die Erfolgsaussichten der Demokratisierung.

Tab. 4.4: Grundtheoreme der Demokratisierungsforschung nach Huntington

1	Kein hinreichender Einzelfaktor	Es gibt keinen einzelnen Erklärungsfaktor, der *hinreichend* ist, um Demokratisierung in allen oder einzelnen Ländern zu erklären.
2	Kein notwendiger Einzelfaktor	Es gibt keinen einzelnen Faktor, der *notwendig* ist, um Demokratisierung zu erklären.
3	Konstellationen, nicht Einzelfaktoren	Demokratisierung ist in jedem Land das Resultat einer *Kombination von Gründen.*
4	Variationen von Land zu Land	Die Kombination von Gründen *variiert* von Land zu Land.
5	Variationen von Welle zu Welle	Die Kombination von Gründen, die generell für eine Welle der Demokratisierung verantwortlich ist, *unterscheidet* sich von der Kombination an Gründen, die für andere *Wellen* verantwortlich ist.
6	Variationen von Regimewechsel zu Regimewechsel	Die Gründe, die für den einleitenden Regimewechsel einer Demokratisierungswelle verantwortlich sind, *unterscheiden* sich (wahrscheinlich) von den Gründen, die für *spätere Regimewechsel* verantwortlich sein werden.

Quelle: Huntington 1991: 38; übersetzt durch die Autor:innen.

4.4 Aktuelle Entwicklungen – Demokratie zwischen Erfolgsgeschichte und Regression

Seit einigen Jahren wird verstärkt von einem »*rollback*« (Diamond 1999) oder einer *Regression der Demokratie* gesprochen (Kneuer/Erdmann 2011). Damit wird auf (anscheinende) Abbruchstendenzen der Demokratie seit Auslaufen der dritten Demokratisierungswelle hingewiesen. Die einen sehen eine weitere Welle des Rückschlags in der Ausbreitung der Demokratie, speziell in ihrer liberalen Ausprägung, andere einen grundsätzlichen gegen die Demokratie gerichteten Entwicklungstrend. Vor allem die Aushöhlung des Begriffs Demokratie durch seine (autoritären) Umdeutungen in autokratischen Staaten und die wachsende Zahl von Ländern, die ehemals als konsolidierte Demokratien galten, nun aber einen Rückfall in hybride Regime erlebten, wird mit Sorge gesehen (S. Pickel/G. Pickel 2006). Gleichzeitig finden sich positive Entwicklungen, welche die These eines generellen Rückschritts infrage stellen. So brachten die Ereignisse im arabischen Raum zu Beginn des neuen Jahrtausends eine Entwicklung hin zur Demokratie in Gang, die sogar einige Hoffnung auf eine neue Demokratisierungswelle entfachte. Selbst wenn diese Demokratisierungsversuche an vielen Orten, wie z. B. Ägypten oder Libyen, mittlerweile herbe Enttäuschungen erfahren mussten, zeigte sich doch, dass die Demokratie noch immer das Potenzial hat, sich in Wellen auszubreiten und autokratische Regime zu Fall zu bringen. Insbesondere räumliche »Ansteckungen« scheinen dabei Ausgangspunkt vieler Entwicklungsbewegungen zu sein (»Schneeballeffekt«). Sie können in Richtung Demokratie, aber auch von ihr weg verlaufen. Derzeit ist die Richtung der Entwicklung wohl eher unklar. Somit kann man möglicherweise Wolfgang Merkel (2010: 499) zustimmen, dem zufolge »gegenwärtig keine *reverse wave* zu erwarten ist, aber mindestens ebenso wenig eine vierte Demokratisierungswelle«.

Auffällig ist die Ähnlichkeit der Ausgangspunkte der Entwicklungen zur Demokratie zu den bereits von Seymour M. Lipset (1959, 1981) beschriebenen *Auslösern*. Wie in den vorangegangenen Wellen der Transformation waren es Unzufriedenheiten – besonders in der besser gebildeten Jugend und unter jungen Erwachsenen –, welche die bis kurz zuvor als vollständig stabil angesehenen Autokratien im Zuge des arabischen Frühling ins Wanken brachten. Vor allem Studierende, die nach ihrem Studium nicht die Möglichkeit bekamen, ihre erworbenen Kenntnisse fachgerecht einzusetzen, wurden zu Anführer:innen der Proteste. Diese gewannen eine immer größere Dynamik in den Bevölkerungen, wo sich eine schon deutlich länger schwelende Unzufriedenheit mit den autoritären Machthaber:innen Freiraum verschaffte. Eine wachsende Zahl von (jungen) Personen mit höherer Bildung und – teils durch Diffusion von Vorstellungen, Werten und Kenntnissen vermittelte – Emanzipationsbestrebungen waren die Triebkraft für die teilweise revolutionäre Abkehr von den autoritären Machthaber:innen. Entsprechend dieser

Betrachtungen ist die politische Kultur (als Rahmenbedingung für Stabilität oder Umbruch) für Transformations- und Transitionsprozesse zur Demokratie von großer Bedeutung– ebenso, wie sich Akteure finden müssen, die den Sprung zur Demokratie initiieren und vorantreiben. Man kann die aktuell im arabischen Raum beobachteten Entwicklungen als eine Mischung aus Modernisierungsgewinnen auf der einen Seite und Modernisierungsblockaden auf der anderen Seite erachten.

Gleichwohl zeigte sich gerade an den Prozessen im Zuge des arabischen Frühlings und ihre Folgen – wie auch teilweise bereits früher in Lateinamerika – das Risiko der Demokratisierungsversuche. Findet sich keine demokratisch ausgerichtete Opposition, die bereit ist, nach der Revolution und dem Sturz der vorherigen Machthaber in das Vakuum der Macht zu treten, dann besteht das Risiko, dass andere, durchaus nicht demokratisch gesinnte Akteure mit Machtressourcen auf den Plan treten. Ist der revolutionäre Eifer verraucht, kommt es zwar zum Machtwechsel, oft verbunden mit Versprechungen von mehr Freiheit und weniger Korruption, allerdings nicht zwingend zum Regimewechsel – geschweige denn zum Regimewechsel hin zur Demokratie. Kurzfristige Militärherrschaften sind ein probates Mittel des Übergangs, solange sie sich nicht verstetigen. Zu solchen gescheiterten Demokratisierungsversuchen kommt es gelegentlich wellenhaft in bestimmten Regionen der Welt, manchmal aber regional ausgesprochen different, denn sie hängen von verschiedenen Rahmenbedingungen und internen Faktoren ab. Nur wenn Opponenten zu den früheren Machthabern existieren, kann es zu einer Veränderung kommen. Ist dies der Fall, dann hängt der Weg zur Demokratie – oder zu einem Machtwechsel innerhalb eines autoritären oder hybriden Regimes – stark von den Interessen derjenigen Akteure ab, die sich in der Auseinandersetzung um die Macht durchsetzen. Wichtig ist zudem die Prioritätensetzung in der Bevölkerung. Stehen ökonomische Interessen im Vordergrund, kann dies zu anderen Ergebnissen führen, als wenn z. B. der Wunsch nach Freiheit oder aber Nationalismus dominiert. An dieser Stelle kommt es stark auf die politische Kultur der Gesellschaften im jeweiligen Gebiet an.

Auch externe Akteure sind für die Richtung der Entwicklung bedeutsam. Hatten noch bis 1989 zwei Großmächte, die USA und die Sowjetunion, ihre Interessenbereiche abgesteckt und in die Belange vieler Nationalstaaten eingegriffen, so hat sich heute der Kreis der Mitspieler erweitert. Das »Ende der Geschichte« (Fukuyama 1992) führte zu einem neuen Anfang. Über die von Huntington (1996) vorgenommene Aufteilung in verschiedene Kulturzonen mit ihren Kernstaaten, die quasi als »Schutzherrn« für andere Staaten dienen, zeichnet sich eine Verschiebung in der internationalen Tektonik der Politik ab. Während sich an die Phase der bipolaren internationalen Ordnung (USA und Sowjetunion) eine unipolare Phase US-amerikanischer Hegemonie anschloss, ist die gegenwärtige internationale Politik eher multipolar geprägt. Russlands internationale Bedeutung nimmt stetig zu, die Europäische Union formiert sich als eine wirtschaftsstarke Mitspielerin auf dem internationalen Parket bei langsam schwindender Dominanz der USA. Wichtiger ist aber der ökonomische wie politische Bedeutungsgewinn Chinas. China bietet sein Herrschaftsmodell mehr und mehr als Alternative zur liberalen Demokratie westlicher Prägung an. Mehr noch als Russland die Variante der »gelenkten Demokratie«, die eigentlich eine Autokratie ist, verbreiten kann, propagiert China das »chinesische Modell« als neue Orientierung weltweiter Entwicklung offensiv über wirtschaftliche wie politische Beziehungen. Betrachten wir die neuen Transitionen und Transformationen, so stehen sie oft vor der Entscheidung, ob sie dem westlichen Vorbild einer liberalen Demokratie oder dem chinesischen eines pseudo-demokratischen zentralistischen Sozialismus folgen sollen. Welches Modell sich dann durchsetzt, hängt von vielen internen und externen Faktoren ab.

4.5 Fazit – Demokratisierung, Transformation und Transition

Im vorliegenden Abschnitt wurden die Historie und die *Entwicklungsphasen der Demokratie* nachgezeichnet. Lässt man die ersten Entwicklungstendenzen der Demokratie in der griechischen Antike aufgrund ihrer Besonderheiten beiseite, dann ist von einer Verbreitung der Demokratie, wie wir sie heute kennen, erst nach einem späten und regional begrenzten Startpunkt in der Neuzeit zu sprechen. Genau genommen konnte sich die liberale Demokratie – oder in Nordeuropa die sozialdemokratische Demokratie – erst zwischen den Weltkriegen und nach dem Zweiten Weltkrieg als Herrschaftsform durchsetzen. Danach entfaltete sie, gestützt durch die USA, einen weltweiten Siegeszug, der allerdings sowohl durch regionale Differenzen als auch durch zeitliche Sprünge – oder Wellen, wie Huntington (1991) es ausdrückt – geprägt war. Wenn man über die Ausbreitung von Demokratie redet, sind die Begriffe und Phänomene der Liberalisierung, Demokratisierung und Konsolidierung bedeutsam. Sie kennzeichnen verschiedene Phasen der Entwicklungen zur Demokratie, meist in der liberalen Prägung, wie sie in der westlichen Welt zur dominante Ausbreitungsform wurde.

Diese Ausbreitung der Demokratie verlief weder kontinuierlich noch stetig. So folgten auf *Wellen* der Ausbreitung Stagnation oder gar Gegenwellen der Regression der Demokratie. All diesen Gegenbewegungen zum Trotz kann – zumindest bis heute – von einem Erfolgszug der Demokratie als Herrschaftsform gesprochen werden. Ausgehend von ersten zarten Bewegungen im 19. Jahrhundert, brachte die Globalisierung der Welt nach dem Zweiten Weltkrieg an vielen Stellen Demokratien hervor. Zweifelsohne war es die ökonomische Leistungsfähigkeit der Demokratien, die ihre Ausbreitung beförderte. Autokratien gelang es trotz vielfältiger Bemühungen eigentlich nie wirklich, die gleiche ökonomische Leistungsfähigkeit wie Demokratien zu erreichen. Doch nicht nur der ökonomische Sektor war bedeutsam. Die davon nicht vollständig zu entkoppelnden Modernisierungsbewegungen des 20. Jahrhunderts mündeten in einen massiven *Wertewandel*. Freiheit und Selbstentfaltung sowie emanzipatorische Werte rückten bei den Bürger:innen immer stärker in den Vordergrund und verdrängten vormals dominante Werte wie Pflichterfüllung, Unterordnung oder Gehorsam (Inglehart 1977; Welzel 2013).

Die Attraktivität der Demokratie hat bis heute nicht grundsätzlich nachgelassen, und sie kommt immer wieder ins Spiel, wenn es um Freiheit und Freiheitsrechte geht. Die Entwicklungen im arabischen Raum zum Anfang des 21. Jahrhunderts belegen dies, genauso wie sie die Probleme zeigen, vor denen eine Entwicklung zur Demokratie stehen kann. Nicht jeder Umschwung, der zur Demokratie führen soll, ist erfolgreich.

Autokrat:innen gelingt es immer wieder, an die Macht zu kommen, teilweise werden sie von den Bürger:innen sogar gewählt. Wenn wir die Entwicklung zur Demokratie also als Erfolgsmodell bezeichnen, wollen wir damit die Regressionsprozesse nicht aus den Augen verlieren. Diese sind gerade in jüngerer Zeit zu sehen. Gleichwohl kann es sein, dass sie nicht das Ende der demokratischen Geschichte, sondern nur eine weitere Durststrecke der Demokratie abbilden.

Weiterführende Literatur

Abromeit, Heidrun/Stoiber, Michael (2006): *Demokratien im Vergleich. Einführung in die vergleichende Analyse politischer Systeme.* Wiesbaden: VS Verlag.

Berg-Schlosser, Dirk (2009): Long Waves and Conjunctures of Democratization. In: Haerpfer, Christian/Bernhagen, Patrick/Inglehart, Ronald/Welzel, Christian (Hrsg.): *Democratization.* Oxford: Oxford University Press.

Erdmann, Gero/Kneuer, Marianne (Hrsg.) (2011): *Regression of Democracy?* Special Issue der Zeitschrift für Vergleichende Politikwissenschaft. Wiesbaden: Springer VS.

Huntington, Samuel P. (1993): *The Third Wave. Democratization in the late Twentieth Century.* Norman: University of Oklahoma Press.

Kollmorgen, Raj/Merkel, Wolfgang/Wagener, Hans-Jürgen (Hrsg.) (2015): *Handbuch Transformationsforschung.* Wiesbaden: Springer VS.

Linz, Juan J. (1978): *The Breakdown of Democratic Regimes: Crisis, Breakdown, and Reequilibration.* Baltimore: Johns Hopkins University Press.

Lipset, Seymour M. (1959): Some Social requisites of Democracy: Economic Development and Political Legitimacy. *American Political Science Review 53*: 69–104.

Merkel, Wolfgang (2010): *Systemtransformation. Eine Einführung in die Theorie und Empirie der Transformationsforschung.* Wiesbaden: Springer VS.

O'Donnell, Guillermo/Schmitter, Philippe/Whitehead, Laurence (1986): *Transitions from Authoritarian Rule: Tentative Conclusions about Uncertain Democracies.* Baltimore: Johns Hopkins University Press.

O'Donnell, Guillermo/Schmitter, Philippe/Whitehead, Laurence (1986): *Transitions from Authoritarian Rule: Comparative Perspectives.* Baltimore: Johns Hopkins University Press.

Pickel, Gert/Pickel, Susanne (Hrsg.) (2006): *Demokratisierung im internationalen Vergleich. Neue Erkenntnisse und Perspektiven.* Wiesbaden: VS Verlag.

Przeworski, Adam (1991): *Democracy and the Market. Political and Economic Reforms in Eastern Europe and Latin America.* Cambridge: Cambridge University Press.

Rustow, Dankwart (1970): Transitions to Democracy: Toward a Dynamic Model. *Comparative Politics 2/3*: 337–363.

Schmidt, Manfred (2019): *Demokratietheorien. Eine Einführung.* Wiesbaden. Springer VS (6. Aufl.).

5 Demokratie als Organisationsform: Wie sieht demokratische Machtverteilung aus?

5.1 Organisationsformen und Organisationsprinzipien der Demokratie – eine Übersicht

Nicht jede Demokratie ist in gleicher Weise organisiert. Auch wenn stets ein Staatsvolk als Referenz demokratischen Handelns angenommen wird, kann man dieses Handeln unterschiedlich ordnen, institutionalisieren und organisieren. Die funktionale Ordnung der Demokratie mit ihren spezifischen normativen Kriterien zieht einige wichtige Unterscheidungskriterien für die institutionelle Regelung nach sich. Grundsätzlich sind innerhalb demokratischer politischer Systeme die *Machtkontrolle* in Form unterschiedlicher Regierungssysteme, Prinzipien der *Machtbegrenzung* durch bestimmte Formen der Konfliktregelung und die Organisation der *Machtverteilung* durch Entscheidungsverfahren zu unterscheiden (Schmidt 2019: 303–342). Man kann die angesprochenen unterschiedlichen Ebenen in eine gewisse Unterteilungslogik bringen (▶ Tab. 5.1).

Auf der obersten Ebene befindet sich die Grundorganisation der Demokratie. Sie bezieht sich auf die Organisation der Souveränität des Wahlvolkes, die Rolle des *demos*. Ganz in der Tradition demokratietheoretisch bereits lange schwelender Konflikte (▶ Kap. 2) ist die zentrale Differenz die zwischen direkter und repräsentativer Demokratie. In einer direkten Demokratie fällen die Bürger:innen selbst die politischen Entscheidungen mit unmittelbar bindender Wirkung; Herrschende und Beherrschte sind identisch. In einer repräsentativen Demokratie wählen sie Vertreter:innen in Parlamente, die an ihrer Stelle bindende politische Entscheidungen treffen; Herrschende und Beherrschte unterschei-

Tab. 5.1: Organisationsformen und Ordnungsprinzipien der Demokratie

stark ausgeprägt	*Präsidialdemokratie*		
	MEHRHEITSDEMOKRATIE	**Repräsentative Demokratie**	
Staatssouveränität	Konkurrenzdemokratie	*Parlamentarische Demokratie*	KONSENSUSDEMOKRATIE
			Verhandlungs-/Proporz- und Konkordanzdemokratie
			Direkte Demokratie
wenig ausgeprägt	**Volkssouveränität**		stark ausgeprägt

Quelle: Salzborn 2012: 79. Ergänzungen der Autoren: fett = Ordnungsformen, kursiv = Ordnungsprinzip 1, Normalschrift = Ordnungsprinzip 2; Kapitälchen = Ordnungsprinzip 3.

den sich. Dieser Kernfrage der Organisationsform folgen einige Ordnungsprinzipien, die die Ordnungsformen sowohl der direkten als auch der repräsentativen Demokratien ausgestalten. Das erste Ordnungsprinzip behandelt die *Gestaltung des Regierungssystems* (parlamentarisch, präsidentiell). Es kann mit weiteren Ordnungsprinzipien kombiniert werden. Beispielsweise kann eine Repräsentativdemokratie ein parlamentarisches Regierungssystem besitzen und der Konfliktregelung einer Mehrheitsdemokratie unterliegen (z. B. Großbritannien). Fragen von *Konfliktregelung* treten insbesondere bei der Entscheidung für eine Konkurrenz- oder eine Konkordanzdemokratie als zweites Ordnungsprinzip auf. Ein drittes Ordnungsprinzip widmet sich der *Machtverteilung* (Mehrheitsentscheidungen versus konsensuale Entscheidungen). Alle Punkte auf den jeweiligen Gegensatzpaaren können entlang der Achse Staatssouveränität versus Volkssouveränität (► Tab. 5.1) verhandelt werden. Staatssouveränität meint hier Herrschaft des Staates über die Bürger:innen, Volkssouveränität Herrschaft der Bürger:innen über sich selbst.

Ziel einer solchen Typologisierung sind Aussagen über die Funktionsdifferenzierung[10] von Demokratie sowie über Qualitätsunterschiede hinsichtlich umgesetzter Gewaltenteilung (politische Kontrolle) und Leistungsfähigkeit (Qualität der Demokratie, Reformfähigkeit, Entscheidungsproduktion, ökonomische Leistung).

5.2 Organisationsformen der Demokratie: Direkte vs. repräsentative Demokratie

Aristoteles beschreibt seine Vorstellung von Demokratie (Volksherrschaft) in der Antike als eine »Herrschaft der Vielen«, an der alle Vollbürger, d. h. freie, nichtversklavte, männliche Einwohner der Polis, gleichberechtigt partizipieren und ihr Stimmrecht ausüben. Demokratie wird als *direkte*, unmittelbar vom Volk ausgeübte politische Ordnung gedacht. In der Idealvorstellung einer direkten Demokratie treffen partizipationswillige, gut informierte und politisch gleiche Bürger:innen politische Entscheidungen selbst und nicht über gewählte Vertreter:innen. Die moderne Form der direkten Demokratie findet sich an ehesten im Schweizer *Referendumsmodell* (Freitag/Stadelmann-Steffen 2009; Schmidt 2019: 359–365; Vatter 2018). Volksabstimmungen finden auf allen politischen Ebenen statt – Gemeine, Kanton, Bund – und werden durch ein mit Vertreter:innen politischer Parteien besetztes Parlament ergänzt. In anderen europäischen Staaten wie Frankreich, Italien oder Slowenien und Bulgarien kommen Referenden auf unterschiedlichen politischen Ebenen zum Einsatz, selbst wenn diese Länder keineswegs als direkte Demokratien bezeichnet werden sollten.

Die Wirkungsmacht direktdemokratischer Verfahren richtet sich (1) nach dem Umfang der Entscheidungen – können nur bestimmte oder

10 Funktionsdifferenzierungen beziehen sich auf die institutionelle Gestaltung der Funktionen von Exekutive, Legislative und Judikative sowie ihre Binnendifferenzierung.

alle Politikbereiche durch Volksabstimmungen entschieden werden –, (2) nach ihrer Bindungsfähigkeit – empfehlend, aufschiebend oder endgültig –, (3) nach ihrem möglichen Auslöser – Bürger:innen, Regierung, Präsident:in, obligatorisch oder fakultativ – und (4) ihren Verfahrensregeln – Initiierungshürden, Quoren der Beteiligung und der Zustimmung (Lauth et al. 2014: 193). Befürworter:innen direktdemokratischer Elemente in Repräsentativdemokratien haben zunächst die höhere Beteiligung mündiger Bürger:innen und ihre Einbindung in den Entscheidungsprozess im Blick. Dem sollen eine höhere Transparenz der Entscheidung, eine bessere Responsivität auf Wünsche der Bürger:innen, die durch den Beteiligungsprozess gleichsam mitgelieferte öffentliche Begründung der politischen Entscheidung und die Abwehr von Interessenkartellen in der direkten Demokratie zuträglich sein. Allerdings gibt es auch Skepsis gegenüber so viel direkter Demokratie. Negative Aspekte direktdemokratischer Entscheidungen liegen in der Anfälligkeit für populistische Verkürzung komplexer Sachfragen, der Anfälligkeit der Stimmbürger:innen für Manipulation (speziell durch Massenmedien oder Populist:innen), der Mehrheitsdominanz über die unterlegene Minderheit, der Quantität der Beteilung in Abhängigkeit von unmittelbarer Betroffenheit und im Zugang zur Partizipation, der von sozialer Ungleichheit, d. h. Bildung, Einkommen und Zeit, geprägt ist (Elsässer et al. 2017; Elsässer 2018; Lauth et al. 2014: 193; Schmidt 2019: 366–370). Neben der begrenzten Gleichheit im Zugang ist ein gewichtiges Argument seitens konservativer Denker:innen und Politiker:innen immer noch der Hinweis auf die mangelnde Effizienz und Reaktionsfähigkeit für eilige notwendige Entscheidungen.

Eine Form der Volksvertretung zwischen repräsentativer und direkter Demokratie bildet das *Rätemodell*: Ursprünglich war die Rätedemokratie als Kritik anarchischer und sozialistischer politischer Gruppen an der repräsentativen Demokratie und Herrschaft einer gesellschaftlichen Klasse über andere entwickelt worden. Ziel der Rätedemokratie ist die Organisation der Gesellschaft in kleinen Einheiten, um einen einheitlichen Volks-, mindestens aber einen Mehrheitswillen zu generieren. Politische Institutionen dienen in erster Linie dazu, diesen Volkswillen auszuführen, die Amtsinhaber werden direkt gewählt und sind von den Wähler:innen jederzeit abberufbar, d. h. sie unterliegen einem imperativen

Mandat. Durch ein Rotationsprinzip sollen möglichst viele Angehörige aller Gesellschaftsschichten in politische Ämter gelangen und ihre jeweilige Schicht repräsentieren. Die Gewaltenteilung wird aufgehoben, Sonderinteressen verschwinden durch die Auflösung von Interessenorganisationen. Voraussetzung ist ein hohes Maß an Information, Zeit und Partizipationswille. Räte haben bislang nur in begrenzten Räumen über kurze Zeit überdauert (Schmidt 1995: 793–794). In Form von Bürgerräten werden Elemente dieses Demokratiemodells in jüngster Zeit häufig als Ergänzung zu den Entscheidungsfindungsverfahren der repräsentativen Demokratie in den Parlamenten eingesetzt (S. Pickel/G. Pickel 2021). Dabei werden gesellschaftlich höchst relevante Fragen – wie in Irland die Abschaffung des Abtreibungsverbots oder die gleichgeschlechtliche Ehe – durch Bürgerräte vorbereitet und dann vom nationalen Parlament zur Volksabstimmung gestellt.[11] Die Mitglieder der Bürgerräte werden in der Regel ausgelost, die Gefahr der Mehrheitsdominanz durch Moderator:innen gebrochen.

Die Demokratien der Neuzeit verstehen sich bislang weitgehend als *Repräsentativdemokratien*: »*Government by the people*«, die Volkssouveränität, wird in modernen Demokratien durch die Wahlberechtigung aller (volljährigen) Staatsbürger:innen ausgeübt. In Wahlen werden die Volksvertreter:innen in den Parlamenten gleichberechtigt bestimmt. Repräsentativ meint nicht »gleichförmig«, wie etwa eine repräsentative Stichprobe, die die gleiche Zusammensetzung wie die Grundgesamtheit aufweist (Ähnlichkeitsmodell). Ist die Zusammensetzung der Parlamente der Zusammensetzung der (Wahl-)Bevölkerung zu unähnlich, wie dies offensichtlich im Deutschen Bundestag und in den Länderparlamenten bei der Vertretung von Frauen der Fall ist, wird über Quotierungsverfahren diskutiert, um diesen Mangel zu beheben. Der Erfolg hängt bislang vom politischen Willen vieler Parteien ab, ihre Wahllisten entsprechend zu gestalten und beispielsweise die Hälfte der Listenplätze an Frauen zu vergeben. Die Repräsentativdemokratie baut vielmehr auf die Vertretung

---

11 Die Arbeit von Bürgerräten in Deutschland ist unter www.mehr-demokratie.de/themen/buergerraete/ zusammengestellt. Informationen zu Bürgerräten außerhalb Deutschlands sind unter www.buergerrat.de/aktuelles/buergerraete-weltweit/ zu finden [Zugriff beide: 13.04.2021].

des Volkes durch Abgeordnete, die dem Gemeinwohl verpflichtet sind und als Stellvertreter:innen der Wähler:innen bindende Entscheidungen treffen. Im *treuhänderischen Modell* ist das Mandat frei, die Abgeordneten sind nicht an den Wählerwillen, sondern nur an ihr Urteilsvermögen und an die Verantwortung gegenüber den Bürger:innen gebunden. Gleichwohl wollen die meisten Abgeordneten wiedergewählt werden. Sie überlegen deswegen bei jeder Entscheidung, welche Reaktion sie bei den Wähler:innen erzeugen wird und orientieren sie sich oft stark an den Interessenvertretungen ihrer Wähler:innen. Seit Meinungsumfragen leicht und relativ kostengünstig durchgeführt werden können, spielen ihre Ergebnisse eine gewichtige Rolle bei der Ermittlung des Wählerwillens und bei der Entscheidungsfindung von Regierungen. Das *Delegationsmodell* kommt einem imperativen Mandat nahe: Die Abgeordneten bekommen Auftrag und Weisung von den Wähler:innen; *Responsivität* heißt in diesem Fall, diesen Anweisungen zu folgen. Im *Mandatsmodell* schließlich erhalten Abgeordnete ihr Mandat als Person (insbesondere im Direktmandat) und als Parteimitglied (auf Parteilisten). Dabei besteht eine hohe Bedeutung der Parteien. Die Partei sorgt für die Zusammenstellung von Listen und für die Zuteilung von Direktmandaten. Dies ist wichtig, da die Wahlentscheidung oft stärker von der Identifikation der Wähler:innen mit einer Partei abhängt als von der zur Wahl stehenden Person (Kandidatenorientierung). Die Abgeordneten sind somit nicht nur den Wähler:innen, sondern immer auch der Parteiprogrammatik verpflichtet, da sie auf das Wohlwollen der Partei angewiesen sind (Salzborn 2012: 81–82).

Wenn innerhalb der Organisationsform der *Volkssouveränität* Qualitätsunterschiede der Demokratie begründet werden sollen, dann müssen weitere Faktoren beachtet werden. die Qualität der Demokratien hängt vielmehr von der Verankerung bürgerlicher Freiheiten und politischer Rechte sowie der Gewaltenteilung in der Verfassung und ihrer Umsetzung im politischen Alltagsgeschäft ab. Zu beachten sind Kontextfaktoren und die demokratietheoretische Ausrichtung der jeweiligen Qualitätsmaße. Der Prozess der politischen Willensbildung ist in repräsentativen Demokratien an Regeln gebunden, die den Interessen der Bürger:innen in unterschiedlicher Form Rechnung trägt. Diese Regeln folgen zum einen der Vorgabe der Gewaltenteilung – insbesondere zwischen Exekutive und Legislative – (Ordnungsprinzip 1: Regierungssysteme), zum anderen der Organisation der Konfliktregelung (Ordnungsprinzip 2) und der Organisation der Machtverteilung (Ordnungsprinzip 3). Diese Prinzipien wollen wir in den nächsten Abschnitten konzentriert behandeln.

5.3 Ordnungsprinzip 1 – Regierungssysteme: Parlamentarische versus präsidentielle Demokratie

Der Begriff »Regierungssysteme« umfasst die formal-rechtlichen, in der Verfassung verankerten Institutionen der politischen Ordnung: Staatsoberhaupt, Regierung und Parlament und ihre Beziehung zueinander (Croissant 2010: 118). Das Ordnungsprinzip »Regierungssysteme« bezieht sich auf eine Teilfunktion der Demokratie, die Gewaltenteilung zwischen Exekutive und Legislative. Ein Wechsel des Regierungssystems ist deshalb nicht gleichbedeutend mit einem Wechsel des politischen Systems. Winfried Steffani (1979; 1995; 1997) unterscheidet in idealtypischer Weise parlamentarische und präsidentielle Regierungssysteme nach dem primären Merkmal »Abberufbarkeit der Regierung aus politischen Gründen«. »Alle Regierungssysteme, deren Parlament über ein Abberufungsrecht aus politischen Gründen verfügt, sind ihrem Grundtyp nach parlamentarische Systeme« (Steffani 1997: 113). Alle Regierungssysteme, in denen die Regierung nicht aus politischen Gründen abberufen werden kann, nennt Steffani präsidentiell. Wird die Regierung durch das Parlament, also durch die Volksvertreter:innen bestellt, beispielsweise durch die Wahl der:s Bundeskanzler:in, spricht man von einer institutionellen Form der Gewaltenteilung. Die Regierung(spartei) steht der Opposition(spartei) gegenüber. Die Kontrolle der Regierung erfolgt allein durch die Opposition im Parlament. Dies entspricht der Wahlfunktion des Parlaments in der repräsentativen Demokratie. In der organschaftlichen Gewaltenteilung, auch *checks and balances* genannt (Croissant 2010:

119–120), hat das Parlament eine andere Funktion. Es hat keinen oder nur einen bestätigenden Einfluss auf die Regierungsbildung (meist eines unabhängig vom Parlament gewählten Präsidenten oder einer Präsidentin). Die Regierung ist nicht auf das Vertrauen des Parlamentes angewiesen. Es übt primär eine Gesetzgebungsfunktion aus und hat eine kontrollierende Funktion gegenüber der Regierung, z. B. in den USA in Form der Budgetkontrolle.

Steffani nennt weitere, sogenannte supplementäre, nachrangige Merkmale zu Charakterisierung der beiden Regierungssysteme (Croissant 2010: 120): In parlamentarischen Systemen besteht die Exekutive stets aus »zwei Köpfen«, dem Staatsoberhaupt und dem:r Regierungschef:in als eigenständigen Akteuren. Der:die Regierungschef:in ist abhängig vom Vertrauen des Parlaments – (konstruktives) Misstrauensvotum –, Abgeordnete können zugleich der Regierung angehören (Kompatibilität) und die Regierung kann das Parlament unter bestimmten Bedingungen auflösen. Da die Gewaltenteilung zwischen der Regierungs- und der Oppositionspartei verläuft (Gewaltenverschränkung zwischen Regierung und Mehrheitspartei) und die Regierung vom Vertrauen des Parlaments, d. h. der Mehrheitspartei bzw. -koalition abhängig ist, wird eine strikte Fraktionsdisziplin benötigt. Herrscht diese nicht vor, kann es zu Zerfallserscheinungen der Partei, aber auch der politischen Entscheidungsfindung kommen. Zur Stabilisierung der Exekutive wird dem:r Regierungschef:in ein Staatsoberhaupt mit meist repräsentativen Kompetenzen zu Seite gestellt, das nicht an das Vertrauen des Parlaments gebunden ist (Lauth et al. 2014: 175).

In *präsidentiellen Systemen* ist die Exekutive – der Präsident und seine Regierung – strikt von der Legislative getrennt. Es gilt eine Inkompatibilität: Mandatsträger:innen im Parlament können nicht der Regierung angehören. Die Exekutive hat nur ein »Haupt« (geschlossene Exekutive), den Präsidenten, der zugleich Staatsoberhaupt ist, aber kein Auflösungsrecht gegenüber dem Parlament besitzt. Er wird von der Legislative als ganzer kontrolliert und nicht nur von der Oppositionspartei – die Gewaltenteilung verläuft zwischen den Organen Exekutive und Legislative. Die Stabilität der Regierung wird über diese Unabhängigkeit vom und nicht über die Mehrheitsverhältnisse im Parlament hergestellt. Eine Fraktionsdisziplin besteht daher in deutlich geringerem

Maße; Mehrheiten im Parlament müssen deshalb stets auf neue beschafft werden.

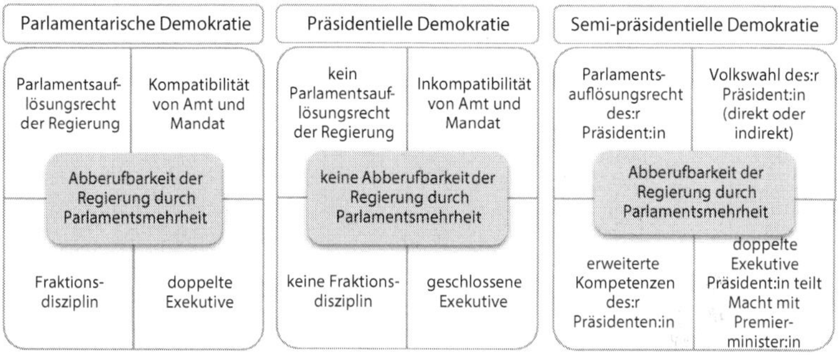

Abb. 5.1: Regierungssysteme im Vergleich. Quelle: eigene Zusammenstellung.

Die Regierungssysteme stehen für unterschiedliche Verständnisse von demokratischer Kontrolle und der Gewaltenteilung, die dazu nötig ist. Einmal kontrolliert das Wahlvolk die Regierung durch seine Repräsentant:innen im Parlament und macht sie von seinem Vertrauen abhängig; Regierung und Regierungsoberhaupt gehen aus dem Parlament hervor und erhalten damit ihre Legitimation aus der Parlamentswahl. Im anderen Fall kontrollieren sich die Organe der Demokratie gegenseitig. Der:die Präsident:in und das Parlament verfügen durch die Volkswahl jeweils über eine eigene Legitimationsbasis.[12] Eine Abberufung des Präsidenten oder der Präsidentin ist nur unter erheblichem Aufwand mit einem strafrechtlichen Verfahren (*Impeachment*) möglich.

Maurice Duverger (1980) ist überzeugt, dass sich insbesondere das französische Regierungssystem nicht korrekt innerhalb dieser Dichotomie verorten lässt. Er entwirft den Typus des »semi-präsidentiellen« Regierungssystems, der aufgrund der Abhängigkeit der Regierung vom Vertrauen des Parlaments (Abberufbarkeit der Regierung aus politischen Gründen) nach Steffani als Untertypus der parlamentarischen Systeme

12 Auch die Wahl des:r amerikanischen Präsident:in durch Wahlmänner ist als mittelbare Volkswahl zu verstehen und begründet eine direkte Legitimation des:r Amtsinhaber:in durch das Wahlvolk.

zu verstehen ist (Marschall 2014: 62). Croissant (2010: 121) und Schmidt (2019: 308–310) bezeichnen den *Semi-Präsidentialismus* hingegen als eigenständigen Typus, da sich die Regierung und deren Regierungsoberhaupt in doppelter Abhängigkeit vom Vertrauen des Parlaments und der Präsidentin oder des Präsidenten befinden. Semi-präsidentielle Regierungssysteme besitzen eine »doppelköpfige Exekutive«, Staatspräsident:innen werden nach universellem Wahlrecht direkt vom Wahlvolk gewählt, nehmen eine bedeutende Rolle im Machtgefüge der Exekutive ein und besitzen politische relevante, von Duverger nicht näher definierte Kompetenzen, die sie mit der Regierung (Premierminister:in und Ressortminister:innen) teilen (Lauth et al. 2014: 175). Probleme für die Demokratie können aus der Dominanz der Staatspräsident:innen über die Regierungschef:innen, das Parlamentsauflösungsrecht und die eigenständige Legitimation der Präsident:innen durch ihre direkte Volkswahl entstehen. Die *Verfassungsrealität* weicht von dieser ausbalancierten Gewaltenverflechtung zwischen Staatsoberhaupt und Regierungschef:in mitunter ab: In Frankreich überwiegt die faktische politische Macht der Präsident:innen, wenn Präsident:in und Regierungschef:in (d. h. auch die Parlamentsmehrheit) der gleichen Partei angehören. Ist dies in der sog. *Cohabitation* nicht der Fall, gewinnt das Amt der Regierungsführung und die zugehörige Mehrheitspartei im Parlament an Bedeutung; die präsidiale Macht wird eingeschränkt. Im ersten Fall kann das französische Regierungssystem als präsidentiell-parlamentarisch, im zweiten Fall als parlamentarisch-präsidentiell beschrieben werden.[13]

Damit wird bereits eine dritte Variante der Typisierung von Regierungssystemen angerissen: Shugart und Carey (1992, ▶ Tab. 5.2) unterscheiden Regierungssysteme nach (1) der präsidialen Autorität über die Regierung und (2) der Trennung von Parlament und Regierung in vier Typen. Die politische präsidiale Macht kann durch legislative Kompetenzen wie das Vetorecht gegen verabschiedete Gesetze als Ganze und

13 Lauth et al. (2014: 177) bezeichnen die Regierungskonstellation in der *Cohabitation* als semi-präsidentielles, außerhalb der *Cohabitation* als superpräsidentielles Regierungssystem, in dem Präsident:innen alle bedeutenden Kompetenzen der Exekutive an sich ziehen können und das Parlament die Funktion des Gegenspielers nicht ausüben kann (Lauth et al. 2014: 176).

gegen darin enthaltene einzelne Bestimmungen, das Recht auf Dekrete, Referendumsinitiative, das Recht auf Gesetzesinitiative in bestimmten Politikfeldern und zur Einbringung des Haushaltsentwurfes und nicht-legislative Kompetenzen wie das Recht der Regierungsbildung und -entlassung, der Parlamentsauflösung und das Fehlen oder Einschränkungen des parlamentarischen Misstrauensvotums genauer bestimmt werden (Shugart/Carey 1992: 148–154; Croissant 2010: 123). Wenn die Konsolidierungschancen junger Demokratien oder die Persistenzbedingungen

Tab. 5.2: Regierungssysteme nach Shugart und Carey

Regierungs-systeme	**Staats-präsident:in**	**Premier-minister:in**	**Regierung**	**Parlament**
präsidentiell	(Quasi-) Direktwahl festgelegte Amtszeiten	–	abhängig von Präsident:in	unabhängig von Präsident:in präsidiale Legislativrechte
präsidentiell-parlamentarisch	(Quasi-) Direktwahl festgelegte Amtszeiten	ernannt/entlassen durch Präsident:in *und* benötigt das Vertrauen des Parlaments	ernannt/entlassen durch Präsident:in *und* benötigt das Vertrauen des Parlaments	Auflösung durch Präsident:in und/oder präsidiale Legislativrechte
parlamentarisch-präsidentiell	(Quasi-) Direktwahl festgelegte Amtszeiten	ernannt durch Präsident:in, aber benötigt *nur* das Vertrauen des Parlaments	ernannt durch Präsident:in, aber benötigt *nur* das Vertrauen des Parlaments	präsidiale Legislativrechte möglich; Auflösung nur durch Präsident:in
parlamentarisch	(Direkt-)Wahl repräsentativ	benötigt Vertrauen des Parlaments	benötigt Vertrauen des Parlaments	keine präsidialen Rechte

Quelle: Shugart/Carey 1992: 19–27; Croissant 2010: 123.

etablierter Demokratien abgeschätzt werden sollen, dann sind deren Regierungssysteme dafür von großer Bedeutung.

Linz (1994) hat aus Analysen lateinamerikanischer Regierungssysteme abgeleitet, dass präsidentielle Systeme für eine Selbstzerstörung der demokratischen Ordnungen anfälliger sind, weil (1) das *divided government*, d. h. die unterschiedliche parteipolitische Zusammensetzung von Regierung und Parlamentsmehrheit, in geringer gesetzgeberischer Effektivität und abrupten Politikwechseln resultieren kann, (2) die getrennten Legitimationen von Präsident:in und Parlament gegeneinander ausgespielt werden können (z. B. durch präsidial initiierte Referenden, die Parlamentsentscheidungen wieder aufheben) und (3) die damit verbundene »*winner-takes-all*«-Logik der Präsidentenwahl die Kooperation zwischen Parlament und Präsident:in erschwert. Diese Effekte der politischen Ordnungen in Lateinamerika fördern die Polarisierung der Gesellschaft und die Rigidität einer an feste Amtszeiten und Einschränkungen der Wiederwahl gebundenen Amtsführung (Schmidt 2019: 314–316). Das Gelingen des Präsidentialismus im Sinne der Aufrechterhaltung einer demokratischen Herrschaft ist folglich von Kontextfaktoren abhängig, die aus dem Wahlsystem (Institutionen), dem Parteiensystem (gesellschaftliche Konstellation) und dem Politikstil der Eliten (autoritäre Vergangenheit) gebildet werden. Präsidentielle Regierungssysteme sind demokratiekompatibler, wenn Präsident:innen nur schwache legislative Kompetenzen besitzen, die Parteien zumindest moderat diszipliniert sind, das Parteiensystem nur mäßig fragmentiert ist und die parlamentarische Geschäftsordnung die Koordination und Rationalisierung parlamentarischer Verfahren erleichtert (Croissant 2010: 125–126).

Lijphart (1999: 300) lobt die parlamentarischen Demokratien mit moderatem Verhältniswahlrecht und moderatem Mehrparteiensystem als »*kinder and gentler democracies*«. Dies umfasst den stärkeren Schutz von Freiheitsrechten und die bessere Performanz der Wohlfahrtsstaatlichkeit in parlamentarischen Systemen. Kritisiert werden die Parteiendominanz und die von den Parteien selbst festgelegte staatliche Finanzierung, wenn nicht gar Korruption (Schmidt 2010: 304).

Vor Amtsmissbrauch und Einschränkungen der demokratischen Rechte der Bürger:innen schützt letztendlich nur der Respekt der politischen Eliten vor der demokratischen Ordnung, der auf einer entsprechenden politischen Kultur fußt. Dies gilt sowohl für präsidentielle (Brasilien, USA) als auch für parlamentarische Regierungssysteme (Ungarn, Polen, Großbritannien). In den genannten Beispielen unterliefen und unterlaufen – unabhängig vom Regierungssystem – die jeweiligen Regierungsoberhäupter demokratische Regeln, um politische Macht auf ihre Ämter zu konzentrieren und der Kontrolle von Volksvertreter:innen und Bürger:innen zu entziehen. Dabei helfen ihnen im Falle der Präsidialsysteme die eigenständige Legitimation durch Volkswahl und die geringe Fraktionsdisziplin der Parteien in den Parlamenten, im Falle der parlamentarischen Systeme übergroße Parlamentsmehrheiten der Regierungsparteien und deren hohe Fraktionsdisziplin. Die Mischsysteme heben diese Defizite nicht auf, weil die Präsident:innen eine eigene Legitimität durch Volkswahl besitzen, die Regierung von ihrem Wohlwollen abhängig ist oder sie das Parlament auflösen können. Gehören Präsident:innen der Mehrheitspartei im Parlament an, so ist die präsidentiell-parlamentarische Regierungsform für eine präsidiale Machtakkumulation noch anfälliger als die reine präsidentielle Form, denn sie können zusätzlich das Parlament auflösen und nach eigenen Interessen Neuwahlen herbeiführen.

Die Gestaltung der Regierungssysteme hat deutlich gemacht, dass in Demokratien, wollen sie demokratisch bleiben, die Macht am besten geteilt werden muss. Um die Effekte dieser Regeln der Gewaltenteilung und die Gefahren der Verletzung dieser Regeln in der politischen Praxis besser einschätzen zu können, müssen die Prinzipien der Konfliktregelung und der Machtverteilung im politischen System installiert und beachtet werden. Dies geschieht auch unter dem Gesichtspunkt der Leistungsfähigkeit oder Effektivität der politischen Ordnungen, d. h. ihrer Fähigkeit, wirksame politische und wirtschaftliche Entscheidungen zu produzieren. Gleichzeitig existieren unterschiedliche Kulturen der Ordnung mit unterschiedlichen Konsequenzen für eine Demokratie. Legt man in einem Land mehr Wert auf eine konzentrierte und stärker hierarchische Regierungsform, dann wählt man häufig ein eher präsidentielles System (z. B. Frankreich). Will man dagegen, etwa aus historischer Erfahrung, eine zu starke Machtkonzentration oder die Gefahr einer solchen bei einer Person vermeiden, dann finden sich häufiger parlamentarische Systeme (wie z. B. in Deutschland). Diese Grundordnung regelt bereits viele Aspekte der Funktionstüchtigkeit eines Regierungssystems, lässt aber weitere wichtige Ordnungsprinzipien offen, die im folgenden Kapitel behandelt werden.

5.4 Ordnungsprinzip 2 – Konfliktregelung: Proporz-, Konkordanz- oder Verhandlungsdemokratie vs. Konkurrenzdemokratie

Ein wichtiger Aspekt ist der Modus der Konfliktregelung. Zunächst dienen die Begriffe dazu, die jeweilige Organisation der Konfliktregelung von den Mehrheits-, Wettbewerbs- oder Konkurrenzdemokratien abzugrenzen. *Wettbewerbs- oder Konkurrenzdemokratien* gehen in der Regel mit einem Mehrheitswahlsystem einher, aus dem ein Zweiparteiensystem resultiert. Die Regierung stützt sich auf die Mehrheitspartei im Parlament und kann ohne große Rücksicht auf Minderheitenanliegen regieren. Konflikte werden über die Mehrheitsregel und den Wettbewerb um die Regierungsmacht ausgetragen. Konkurrenzdemokratien sind besonders für homogenen Gesellschaften mit wenig Konfliktlinien (Cleavages) geeignet. Großbritannien ist ein prominentes Beispiel für diesen Typus der Konfliktregelung.

In *Verhandlungsdemokratien*[14] wird meist nach Verhältniswahlsystem gewählt. In den Parlamenten finden sich in proportionaler Abbildung der Wählerstimmen Mehr- oder gar Vielparteiensysteme, die Regierungen werden durch Koalitionen zwischen zwei oder mehr Parteien gebildet. Entsprechend sind die Parteien zur Kooperation gezwungen, häufig

14 Verhandlungs-, Konkordanz- und Proporzdemokratie werden zuweilen fast synonym zu Konsensdemokratie verwendet (Marschall 2014: 65; Holtmann/Voelzkow 2000: 10; Schmidt 2019: 330–334); die Begriffe sprechen aber jeweils unterschiedliche Aspekte von Verhandlungsdemokratien an, so dass sie im Folgenden unterschieden werden sollen.

kommt ein föderales Mehrebenensystem hinzu und Gewerkschaften werden in korporatistische Entscheidungsprozesse eingebunden (Marschall 2014: 65). Das Mehrheitsprinzip wird grundsätzlich ebenfalls angewendet. Durch die Notwendigkeit der Verhandlung mit Minderheitsinteressen in formellen und informellen Verständigungsprozessen der Entscheidungsfindung durch Aushandlung (»*bargaining*«; Lehmbruch 1976: 15) wird es aber eingeschränkt (Holtmann/Voelzkow 2000: 10). In heterogenen Gesellschaften mit vielen Konfliktlinien kommen häufig Verhandlungsdemokratien zum Einsatz. Deutschland und die Schweiz haben diesen Typus der Konfliktregelung etabliert.

Die Schweizer *Konkordanzdemokratie* stellt die reinste Form der Verhandlungsdemokratie dar. »Wichtige Entscheidungsprozesse [werden] auf der Ebene der Zentralregierung formal oder durch informelle Prozeduren außerparlamentarischer Verständigung von der Maxime des gütlichen Einvernehmens beherrscht« (Lehmbruch 1992: 208). Sie ist von der Konsensdemokratie durch die strikte Gruppenrepräsentanz zu unterscheiden (Schmidt 2019: 332): Während die Konsensdemokratie Machtteilung und die Autonomie von Gesellschaftsgruppen begünstigt, setzt die Konkordanzdemokratie beides voraus. In der Konkordanzdemokratie sind alle wichtigen Gesellschaftsgruppen und -interessen, insbesondere die von Minderheiten, in größtmöglichem Umfang in die politische Entscheidungsfindung eingebunden. Mittel hierzu sind Große Koalitionen, Allparteienkoalitionen, Vetoverfahren oder gar Einstimmigkeitsvoraussetzungen. »Die Einigung auf gemeinsame Ziele wird als der eigentliche Sinn des Politischen verstanden und Demokratie als der bestmögliche Weg seiner Verwirklichung« (Meyer 2009: 94–95). *Proporzdemokratie* ist ein älter Begriff dafür und bezieht sich auf die Regel bei der Besetzung öffentlicher Ämter in staatlichen Institutionen und Betrieben (Schmidt 2010: 309). Die Niederlande, Belgien und Österreich sind bis etwa Anfang der 2000er Jahre nach ähnlichen Prinzipien verfahren.

Entscheidend ist, dass das Verfahren der Konfliktregelung zur jeweiligen Gesellschaft und zu deren Veränderungsprozessen passt. Allerdings ist der Modus der Konfliktregelung, metaphorisch ausgedrückt, nicht in Stein gemeißelt. Notfalls kann das entsprechende Verfahren beispielsweise durch eine Veränderung des Wahlrechtes geändert werden. Das von einer klassischen Konkurrenzdemokratie geprägte Neuseeland passte

1993 sein Wahlrecht einer solchen gesellschaftlichen Veränderung an. Bedingt durch politische Entfremdung der Bürger:innen von den im Wechsel regierenden beiden Hauptparteien, großer Disproportionalität der Wahlergebnisse und die Absicht, die Minderheit der Maori im Parlament zu repräsentieren, wurde nach einer Volksabstimmung das Mehrheitswahlrecht in ein Verhältniswahlrecht umgewandelt, das im Wesentlichen dem deutschen Wahlsystem entspricht. Die Wahlbeteiligung stieg, die Konfliktaustragung wurde inklusiver und es werden mehr Interessen in der Entscheidungsfindung berücksichtigt (Volwes 1995; Köllner 2014).

5.5 Ordnungsprinzip 3 – Organisation der Machtverteilung: Konsensdemokratie versus Mehrheitsdemokratie

Im vorangegangenen Kapitel ging es um die Organisation von Prozessen, die zur Konfliktlösung innerhalb von Demokratien führen. Davon ist die Organisation der Machtverteilung zu trennen, die in Konsensus- und Mehrheitsdemokratie zu unterscheiden ist. Die jeweiligen politischen Ordnungen hinsichtlich ihrer Leistungsfähigkeit zu untersuchen, geht auf *Arend Lijphart* (* 1936) und sein Werk »*Patterns of Democracy*« (1999) zurück. Lijphart definiert eine *Mehrheitsdemokratie* entlang des klassischen Westminster-Modells der britischen Parlaments- und Regierungsinstitutionen mit einer Dominanz der Mehrheitspartei und ihrer Regierung. In diesem Typus der Machtverteilung arbeiten die politischen Institutionen fast durchgängig nach dem Mehrheitsprinzip. Dies entspricht einer Demokratieauffassung, die Volksherrschaft als »government by the *majority* of the people« (Lijphart 1999: 31) versteht. Die Mehrheitsdemokratie enthält ein hohes Maß an Machtkonzentration und schließt zugleich Minderheitspositionen aus. Gesellschaftliche Minderheiten haben weder die Chance, an die Regierungsmacht zu gelangen, noch genießen sie besonderen Schutz. Dieser eigentlich undemokratische Zustand wird in der Mehrheitsdemokratie durch a) alternierende Regierungen (die politische Minderheitspartei kann nach einer Wahl zur Mehrheitspartei werden) und b) ein gemäßigtes Zweiparteiensystem gemildert, das sich im Zentrum des ideologischen Spektrums befindet. Diese Einschränkungen des reinen Mehrheitsprinzips funktionieren am besten in relativ homogenen Gesellschaften. Die britische Demokratie gilt als der Prototyp. Für eher heterogene Gesellschaften ist eine Mehrheitsdemokratie nach der Ansicht Lijpharts (1999: 31–33) nicht geeignet. Pluralistische Gesellschaften sind entlang von religiösen, kulturellen, ethnischen oder ideologischen Spannungslinien (sog. Cleavages; Lipset/Rokkan 1967) getrennt. Jede Subgruppe hat ihre eigene(n) politische(n) Parteie(n), Interessengruppen und Kommunikationskanäle. Eine demokratische Herrschaft rein nach dem Mehrheitsprinzip negiert die Rechte und Interessen der jeweiligen Minderheiten und führt schlimmstenfalls zu ihrer Abwendung von der demokratischen politischen Ordnung. Für diese Gesellschaften sind *Konsensdemokratien* besser geeignet: Sie setzen auf Übereinstimmung statt Konfrontation, Inklusion statt Exklusion, Machtaufteilung statt Machtkonzentration und versuchen daher, die Größe der Regierungsmehrheit eher zu maximieren als mit einer knappen Mehrheit zu dominieren. Die Demokratie der Schweiz erfüllt diese Kriterien beispielhaft.

Lijphart benennt zehn Kriterien für jeden Typ der Machtverteilung, um ihre Ausprägung empirisch bestimmen zu können (▶ Tab. 5.3; zum Vorgehen: Lijphart 1999; Schmidt 2010: 319–324; Croissant 2010: 126–129; Lauth et al. 2014: 182–185). Die Analyse ergibt, dass die Kriterien zwei Dimensionen angehören – Exekutive-Parteien-Dimension und Föderalismus-Zentralismus-Dimension –, aus denen sich vier Realtypen der Machtverteilung ableiten – unitarische Mehrheitsdemokratie (z. B. Frankreich), föderale Mehrheitsdemokratie (z. B. USA), unitarische Konsensdemokratie (z. B. Schweden) und föderale Konsensdemokratie (z. B. Deutschland und die Schweiz; Croissant 2010: 128–129; Lauth et al. 2014: 184). Die beiden Grundtypen – Mehrheits- und Konsensdemokratie – werden in den gemischten Realtypen mit unterschiedlichen Regierungssystemen kombiniert. Im Fall Frankreichs und Großbritanniens führt dies zu einer Stärkung, im Fall der USA und Deutschlands zu einer Kontrolle exekutiver Macht.

Lijpharts analytisches Interesse gilt der Leistungsfähigkeit der beiden Grundmodelle insbesondere hinsichtlich der Qualität der Demokratie, die sie produzieren. Diese bestimmt er u. a. anhand von Vanhanens Demokratieindex (▶ Kap. 6) und der Demokratiezufriedenheit der Bürger:innen (▶ Kap. 7; Lijphart 1999: 276–293). Lijphart (1999: 266–267) kann belegen, dass eine konsensdemokratische politische Ordnung positive Effekte auf die Demokratiezufriedenheit, die Frauenpartizipation bzw. Gleichberechtigung, die politische Gleichheit, die Wahlbeteiligung, die Bindung zwischen Regierung und Wähler:innen, die Unterstützung der Regierung durch die Bürger:innen und die Verlässlichkeit der Regierenden ausübt. Zudem kommt es weniger häufig zu Korruption. Er kommt daher zu dem Schluss, »the consensus democracies do clearly outperform the majoritarian democracies with regard to the quality of democracy« (Lijphart 1999: 301–302), und empfiehlt diese Form der Demokratie für Gesellschaften, die zum ersten Mal eine demokratische Verfassung oder umfangreiche demokratische Reformen etablieren wollen. Daraus lässt sich schließen, dass präsidentielle oder präsidentiell-parlamentarische Regierungssysteme mit einer hohen Konzentration exekutiver Macht zur Konsolidierung junger Demokratien denkbar schlecht geeignet sind, da sie in den meisten Fällen einer Mehrheitsdemokratie deutlich mehr entsprechen als einer Konsensdemokratie.

Trotz der vielen positiven Befunde für eine Konsensdemokratie ist Lijpharts Modell (natürlich) nicht kritiklos hinzunehmen: Seine Befunde lassen sich nur dann aufrechterhalten, wenn man das Feld der Verfassungsnorm – die formellen, d. h. verfassten Institutionen – nicht verlässt und die informellen Institutionen, d. h. eingespielte und per Konvention anerkannte Regeln, ebenso außer Acht lässt (Lauth et al. 2014: 186) wie das Umfeld, in das politische Ordnungen eingebettet sind (internationale Organisationen, Wirtschaftssystem). Ferner werden das Fehlen einer theoretischen Konzeptualisierung der Dimensionen, ihrer internen Konsistenz, der Validität der Indikatoren, der Robustheit der Faktorenanalysen zur empirischen Bestimmung der Dimensionen sowie die Abhängigkeit der erzielten Ergebnisse von der Auswahl der Untersuchungsfälle kritisiert (Croissant 2010: 130–132). Schmidt (2010: 330–337) bemängelt zudem, dass Intragruppenunterschiede nicht beachtet und Intergruppendifferenzen überschätzt sowie politische Akteure und Beteiligungschancen der Bürger:innen nicht berücksichtigt werden.

Tab. 5.3: Mehrheitsdemokratie vs. Konsensdemokratie nach Lijphart

Kriterium	Mehrheitsdemokratie	Konsensdemokratie
Exekutive-Parteien-Dimension (executive-party-dimension)		
Exekutivdominanz	Konzentration exekutiver Macht; Regierungsdominanz	exekutive Machtteilung; Machbalance zwischen Regierung und Parlament
Inklusionsgrad von Kabinetten	Kabinettsdominanz gegenüber dem Parlament und Machtfusion; allein regierende Mehrheitspartei	Machtbalance und Gewaltenteilung; Mehrparteienkoalition
Parteiensystem	Zweiparteiensystem	Mehrparteiensystem
Verbändesystem	pluralistische Interessengruppen	korporatistische Interessengruppen
Wahlsystem	Mehrheitswahlsystem	Verhältniswahlsystem
Föderalismus-Zentralismus-Dimension (federal-unitarity-dimension)		
Parlamentstyp	Einkammersystem	symmetrisches Zweikammersystem
Staatsaufbau	zentralistischer Einheitsstaat	föderaler Staat
Rigidität der Verfassung	flexible Verfassung: Änderung mit einfacher Mehrheit	rigide Verfassung: Hohe Mehrheitserfordernisse für Verfassungsänderung
Parlamentssouveränität	keine richterliche Überprüfung politischer Entscheidungen	verfassungsrichterliche Kontrolle (judicial review)
Autonomie der Zentralbank	regierungsabhängige Zentralbank	autonome Zentralbank

Quelle: Lijphart 1999: 3–4, 9, 32–33; Croissant 2010: 127–128; Lauth et al. 2014: 182–186; Marschall 2014: 84.

5.6 Machtverteilung extrem – Die Blockade der Veto-Spieler

George Tsebelis (2002) knüpft in seinem »Veto-Spieler-Ansatz« an das Machtverteilungskonzept von Lijphart an, um die Reformfähigkeit und Politikstabilität von Demokratien zu ermitteln. Er geht noch einen Schritt weiter und prüft die politischen Systeme auf die Wirkungsmacht von sog. »Veto-Spielern«. So bezeichnet er Akteure, deren aktive Zustimmung erforderlich ist, um Reformen oder Politikwechsel umzusetzen (Croissant 2010: 132; Marschall 2014: 65). Je mehr Veto-Spieler im System vorhanden sind, desto schwieriger sind Reformen umzusetzen. Tsebelis unterscheidet »institutionelle Veto-Spieler«, die in der Verfassung festgelegt sind, wie z. B. der US-Präsident mit Vetobefugnissen im Rahmen des Gesetzgebungsprozesses, von »parteipolitischen Veto-Spielern« in der Verfassungswirklichkeit, wie z. B. einer kleinen Partei in einer *minimal winning coalition*, die knapp über 50 % der Parlamentssitze innehat. »Sonstige Veto-Spieler« gewinnen ihre Vetomacht entweder aus der Verfassung (z. B. eine Zentralbank oder die Bevölkerung im Rahmen von Volksabstimmungen) oder aus der Integration in bereits vorhandene Veto-Spieler (z. B. innerhalb korporatistischer Strukturen) oder sie besitzen faktische Blockademacht (z. B. das Militär; Lauth et al. 2014: 188).

Ein politisches System mit vielen Veto-Spielern ähnelt Lijpharts Konsensdemokratie: Um Reformen durchzusetzen, besteht erheblicher Verhandlungsbedarf. Im Gegensatz zu Lijphart ermittelt Tsebelis jedoch nachteilige Effekte einer solchen Konstellation: Viele Veto-Spieler (Kriterium der Anzahl) erschweren Reformen, insbesondere wenn sie eine große ideologische Distanz aufweisen (Kriterium der Kongruenz) oder heterogen sind, d. h. zusätzlich interne Konflikte austragen (Kriterium der Kohärenz; Lauth et al. 2014: 187). Eine solche Konstellation macht den politischen Entscheidungsprozess schwerfällig.

Dieses Ergebnis sagt nichts darüber aus, ob Veto-Spieler der Inklusion von Minderheitsinteressen, der Konfliktregelung oder der Machtkontrolle dienen. Es geht allein um die Effektivität der Umsetzung geplanter Reformen. Demokratische Systeme können von Veto-Spielern aber auch profitieren, z. B. dann, wenn Kohabitationsverhältnisse (z. B. Präsident:in vs. Premierminister:in und Parlament in Frankreich oder Präsident:in vs. Kongress in den USA) zwischen Exekutive und Legislative zur Dominanz der einen Institution über die andere führen oder die föderale Gewaltenteilung unterlaufen wird. Schmidt (2010: 331–334) zeigt dies anhand eines eigenen Veto-Indexes (»Schmidt-Index der Veto-Spieler und Mitregenten«) und ermittelt v. a. Effekte innerhalb der Föderalismus-Zentralismus-Dimension.[15] In diesem Ansatz geht es zumeist um institutionelle Veto-Spieler. Aber auch individuelle Veto-Spieler oder der Gedanke der Veto-Punkte, also der Möglichkeitsstrukturen für Eingriffe in die Entscheidungsprozesse, sind bei diesen Denkmustern von Blockaden zu berücksichtigen.

5.7 Fazit – Organisation der Demokratie

Eine Demokratie kann nicht ohne eine Ordnungsstruktur existieren. Demokratie als prozedurales und funktionales Raster für eine politische Ordnung unterliegt inneren Organisationsprinzipien: Neben der klassischen Gewaltenteilung spielen insbesondere Organisationsprinzipien der Machtverteilung und Machtkontrolle sowie die Konfliktregelung eine wichtige Rolle. Sie entscheiden darüber, ob es einer Institution gelingt, eine andere zu dominieren (z. B. Dominanz der Exekutive über die Legislative). Die Ordnungsprinzipien können sich unterschiedlich auf die Funktionstüchtigkeit und die Qualität der Demokratie auswirken. Die Zahl der Veto-Spieler kann Demokratien, besonders Mehrheitsdemokratien, an den Rand der Handlungsunfähigkeit bringen. Umgekehrt dazu steigt jedoch das Risiko von Verstößen gegen Gleichheitsrechte mit zunehmender Durchsetzung der Kombination von Mehrheits- und Konkurrenzdemokratie. Es sind verschiedene Kombinationen der Ordnungs-

15 Für weitere Kritikpunkte und Entwicklungen siehe Lauth et al. 2014: 190–191; Kaiser 1997; 2002; Ganghof 2005; Schmidt 2001 und Wagschal 2005.

prinzipien möglich. Selbst mit Blick auf die Ordnungsform – direkte oder repräsentative Demokratie – finden sich noch Variationsmöglichkeiten. Nicht alle Kombinationen sind dabei gleich wahrscheinlich, aber viele sind zumindest möglich.

Die vergleichende Politikwissenschaft hat sich der Frage nach der Auswirkung dieser institutionellen Konstellationen auf die Qualität und die Effizienz von Demokratien in recht ausführlicher Art und Weise gewidmet. Arend Lijphardts Ergebnis, dass parlamentarischen Demokratien mit moderatem Verhältniswahlrecht und moderatem Mehrparteiensystem als *»kinder and gentler democracies«* anzusehen sind, bedeutet nicht, dass diese Organisationsform der Demokratie in allen Ländern zu bevorzugen ist. So wie präsidentielle Systeme bis heute überlebt haben, finden sich auch schwer einzuordnende semi-präsidentielle politische Systeme. So wie das Kriterium der Effizienz immer wieder für eine Veränderung der Organisationsformen der Prozeduren der Demokratie in Anschlag gebracht wird, spielt auch die Organisation der Beteiligung der Bürger:innen eine zentrale Rolle. Zudem ist die Organisation einer Demokratie für die politische Kultur und die Haltung der Bürger:innen zum politischen System relevant. Auch deswegen kommt es bis heute zu kontroversen Diskussionen über die Vor- und Nachteile der unterschiedlichen Ausgestaltungsmöglichkeiten von Demokratie.

Weiterführende Literatur

Duverger, Maurice (1980): A New Political System Model: Semi-Presidential Government. *European Journal of Political Research* 8/2: 165–187.

Lauth, Hans-Joachim/Pickel, Gert/Pickel, Susanne (2014): *Vergleich politischer Systeme*. Paderborn: Schöningh.

Lehmbruch, Gerhard (1976): *Parteienwettbewerb im Bundesstaat.* Stuttgart: Kohlhammer.

Lijphart, Arend (2012). *Patterns of Democracy*. New Haven/London: Yale University Press.

Linz, Juan J./Valenzuela, Arturo (1994) (Hrsg.): *The Failure of Presidential Democracy.* Baltimore/London: Johns Hopkins University Press.

Lipset, Seymour M./Rokkan, Stein (1967): *Party Systems and Voter Alignments. Cross-National Perspectives.* New York: Free Press.

Meyer, Thomas (2009): *Was ist Demokratie?* Wiesbaden: Springer VS.

Schmidt, Manfred G. (2019): *Demokratietheorien. Eine Einführung.* Wiesbaden: Springer VS (6. Aufl.).

Shugart, Matthew S./Carey, John M. (1992): *Presidents and Assemblies. Constitutionals Design and Electoral Dynamics.* Cambridge: Cambridge University Press.

Steffani, Winfried (1979): *Parlamentarische und präsidentielle Demokratie. Strukturelle Aspekte westlicher Demokratien.* Opladen: Westdeutscher Verlag.

Tsebelis, George (2002): *Veto Players. How Political Institutions Work.* New York: Russell Sage Foundation.

6 Demokratiemessung

6.1 Kann man Demokratie überhaupt messen? Konzepte der Demokratiemessung

Demokratie messen? Demokratie ist ein komplexer theoretischer Begriff, dessen scheinbar objektive Bestimmung Wissenschaftler:innen vor große, nicht nur messtheoretische Herausforderungen stellt. Ziel der Messung, der standardisierten Zuweisung von empirischen Phänomenen zu numerischen Werten, sind konzeptionelle und strukturelle Aussagen über Entwicklungszusammenhänge. Die empirische Bestimmung eines politischen Systems als Demokratie oder Autokratie wird als *empirische Demokratieforschung* bezeichnet. Sie geht quantitativ-vergleichend auf der Makroebene politischer Strukturen vor und ermöglicht einen Vergleich hinsichtlich des Demokratiegrades oder der Qualität der Demokratie über viele Länder (Fälle) und lange Zeiträume anhand standardisierter Messinstrumente (Lauth et al. 2000; Lauth 2004). Die Messwerte bilden den Zustand des politischen Systems als Ganzes, seiner Institutionen oder Regeln ab. Um diese Aussagen treffen zu können, sind einige Voraussetzungen zu erfüllen, denn »nur ein methodisch sauberes Vorgehen liefert letztlich valide Indikatoren und Messergebnisse« (Müller/S. Pickel 2007: 516).

Um das Wesen eines politischen Systems zu messen, kann man auf zwei Wegen vorgehen, die beide nicht ohne theoretische Basis auskommen: Man kann politische Systeme, z. B. Demokratien, erfassen und systematisch miteinander vergleichen. Aus diesem *induktiven* Vorgehen werden Kriterien entwickelt, die aus den Relationen der Systeme zueinander gewonnen werden. Indizes zur Qualitätsbestimmung von Demokratien entstehen häufig aus der Kombination von induktivem und *deduktivem* Vorgehen. Beim deduktiven Vorgehen leitet man die Systemkriterien der Demokratie oder Autokratie aus den normativen Vorgaben einer Theorie ab (Marschall 2014: 70). Dazu bedarf es zunächst eines gründlichen Studiums der theoretischen Konzepte. Wie wird Demokratie definiert? Was soll also genau gemessen werden? Das Konzept von Demokratie ist zu spezifizieren. Die Untersuchungsdimensionen werden aus der Begriffsdefinition abgeleitet, d. h. die Definition wird zunächst in theoretische Konstrukte zerlegt. Für eine Definition mittleren Umfangs wären dies beispielsweise Freiheit, Gleichheit und Kontrolle. Im nächsten Schritt ist das Verhältnis dieser *Konstrukte* zueinander zu klären. Sind sie gleichwertig, also auf dem gleichen Abstraktionsniveau anzuordnen? Oder bedingen sie einander und befinden sich möglicherweise auf unterschiedlichen Abstraktionsebenen? Dann ist zu klären, aus welchen *Komponenten* – Definitionselementen der Konstrukte – sie sich zusammensetzen. Kontrolle bezieht sich z. B. auf Gewaltenteilung in Exekutive, Legislative und Judikative. Zusätzlich wird eine horizontale und vertikale Verantwortlichkeit (*accountability*) angesprochen, die die föderale Gliederungen und die Kontrollmöglichkeiten der Wähler:innen berücksichtigt. Auch bei den Komponenten handelt es sich in den meisten Fällen noch um theoretische Begriffe, die entweder in weitere *Subkomponenten* oder bereits in *Indikatoren* (empirisch beobachtbarer Merkmale der theoretischen Begriffe) übersetzt werden müssen. Hier ist auf jeden Fall das Abstraktionsniveau und das Verhältnis von Subkomponenten bzw. Indikatoren zueinander zu klären. Es ist zu beachten, dass die Indikatoren präzise, trennscharf und erschöpfend den (Sub-)Komponenten zugeordnet werden. Für die Komponenten gelingt dies vielleicht, die Indikatoren überlappen sich aber möglicherweise – ist das erwünscht oder soll es vermieden werden? Soll der Index zur Demokratiemessung Syndrome (zusammengefasste Dimensionen), Dimensionen von Komponenten oder Einzelkomponenten enthalten, die wie ein Baukasten zusammengesetzt werden können? Die Korrespondenz zwischen dem theoretischen Zusammenhang der Demokratie-Merkmale (Indikatoren) und der Aggregationsregel (soll Zusammenhänge widerspiegeln) ist dabei von zentraler Bedeutung. Es ist also eine Balance herzustellen zwischen Vergleichbarkeit (hohes Aggregationsniveau und ›sparsamer‹ Index) und möglichst genauer Abbildung der Realität (niedriges Aggregationsniveau). Ein hohes Abstraktionsniveau bedeutet immer einen Verlust an Detailinformation; sehr viele Detailinformationen erschweren die Vergleichbarkeit.

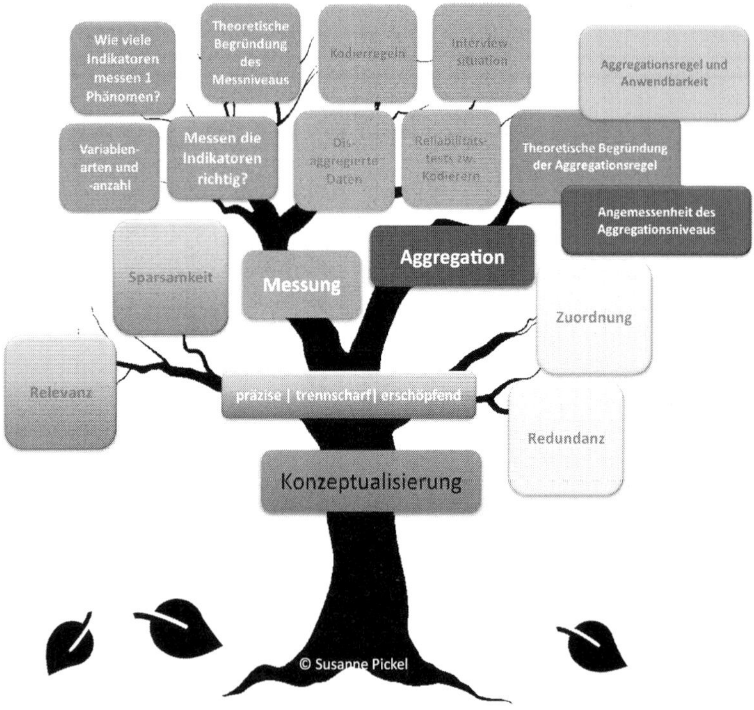

Abb. 6.1: Konzeptbaum und Messregeln nach S. Pickel/Stark/Breustedt 2015 und Müller/S. Pickel 2007.

Oft hilft die Verdeutlichung der Konstruktion eines Demokratiemaßes durch einen Konzeptbaum mit Messregeln (▶ Abb. 6.1). Alle Dimensionen, Komponenten, Subkomponenten oder Indikatoren, die nicht an einem Zweig, Ast oder dem Stamm des Konzeptes »Demokratie« hängen, gehören nicht zum Konzept; sie fallen als lose Blätter zu Boden.

Für die Aggregationsregel, die Zusammenfassung der Indikatorwerte zum Gesamtindex, ist zu beachten, ob das jeweilige Konstrukt eine Gleichwertigkeit der Komponenten vorsieht oder ob eine gute Performanz für eine Komponente eine schlechte Performanz für eine andere ausgleichen kann. Eine Gleichwertigkeit müsste davon ausgehen, dass das Fehlen einer Komponente das Vorhandensein einer Demokratie ausschließt. Die Aggregationsregel enthält folglich eine Multiplikation: Fehlt eine Komponente (z. B. Parteienwettbewerb), so ist diese mit »0« zu bewerten und der Gesamtindex nimmt den Wert »0« gleich »keine Demokratie« an. Der *Index of Democracy* von Tatu Vanhanen (▶ Kap. 6.2) wird auf diese Weise bestimmt. Möchte man Qualitätsabstufungen genauer messen, dann ist auf »feine Unterschiede« der Ausprägungen der Komponenten zu achten. Ein additiver Index schließt alle Ausprägungen in die Aggregation ein. Im Gesamtwert des Index verschwinden dann die »feinen Unterschiede« wieder – der Wert 7 (von 10) kann nicht verdeutlichen, wo genau die Schwächen der gemessenen Demokratie zu finden sind. Dazu muss der Index disaggregiert und seine Bestandteile genauer untersucht werden. Der Freedom House-Index (▶ Kap. 6.3) ist auf diese Weise konstruiert.

Generell gilt: Indizes eignen sich, den Grad oder die Qualität politischer Systeme zwischen Demokratie und Autokratie nach festen Kriterien und systematisch zu vergleichen. Dabei ist stets auf ihren Gehalt, das Konzept und auf ihre Validität zu achten. Die Güte der Messung entscheidet auch über das Ergebnis der Qualitätsbestimmung. In der Folge können die gängigsten Indizes aus Platzgründen nur kurz vorgestellt, jedoch nicht in ihrer Messqualität beurteilt, werden. In der Praxis empfiehlt es sich, einen Index zur Demokratiemessung zunächst entlang der hier vorgestellten Kriterien zu überprüfen, bevor man ihn verwendet.

6.2 Instrumente der Demokratiemessung

Derzeit liegt eine Vielzahl an Messinstrumenten zur Bestimmung des Grades und der Qualität von Demokratie vor. Sie unterscheiden sich hinsichtlich des zugrunde gelegten Konzeptes von Demokratie, des zu messenden Gegenstandes – Demokratie als politisches System oder Qualität der Demokratie – und der Qualität des Messinstruments (Indexbildung).[16] Es fällt auf, dass nur wenige Indizes eine einheitliche Definition von Demokratie verwenden: Einige verwenden eine sparsame oder auch minimalistische Definition, andere eine mit einer mittleren Anzahl an Kriterien, wieder andere eine maximalistische Definition. Einige Indizes aggregieren ihre Messergebnisse auf ein hohes Abstraktionsniveau, andere ermitteln eine Vielzahl an Indikatoren, die zu einer Vielzahl an Subindikatoren verrechnet werden können.

Die Indizes, die hauptsächlich zur Unterscheidung politischer Systeme in Demokratien und Autokratien genutzt werden (Demokratie-Grad; Freedom House und Polity IV), sind zur Qualitätsbestimmung von politischen Systemen nicht fein genug kalibriert: Beispielsweise können V-Dem oder die Demokratiematrix die politischen Systeme, die von Freedom House als »frei« oder von Polity IV als konsistente Demokratien bewertet werden, zusätzlich hinsichtlich der Qualität ihrer Demokratie differenzieren. Um die Zielrichtung der Indizes vergleichend verdeutlichen zu können, werden Polity IV und V-Dem kurz, Freedom House ausführlich vorgestellt. Die übrigen Indizes werden zur Orientierung kursorisch beschrieben. Freedom House und Polity IV sind bereits in den 1970er Jahren entstanden, ihre Datenreihen reichen unterschiedlich weit in die Vergangenheit zurück. Sie eigenen sich in erster Linie zu Feststellung, ob es sich bei einem politischen System um eine Demokratie, eine Autokratie oder ein hybrides System mit Eigenschaften beider politischer Ordnungen handelt.

---

16 An dieser Stelle ist es nicht möglich, alle Indizes hinsichtlich ihrer Qualität zu bewerten. Wir haben einige Maße in folgenden Publikationen evaluiert: S. Pickel/Müller 2006; Müller/S. Pickel 2007; S. Pickel et al. 2015 (▶ Kap. 6.6).

Freedom House hat seine Bewertung seit 2013 dahingehend verändert, dass sowohl im Längs- als auch im Querschnitt disaggregierte Daten verfügbar sind. Somit kann nicht nur eine Bewertung als »frei, teilweise frei, nicht frei« verwendet werden, sondern es ist zudem eine Qualitätsabschätzung der einzelnen politischen Systeme auf einer Skala von 0 bis 100 möglich. Qualitätsunterschiede innerhalb der Demokratien, Autokratien oder hybriden politischen Ordnungen, die Merkmale beider Systeme tragen, sind so besser bestimmbar (▶ Kap. 6.3 für Details). Zudem bietet Freedom House aktuelle Länderberichte an.

Polity IV widmet sich der Bestimmung der Gewaltenteilung zwischen Exekutive und Legislative anhand der Verfassungstexte der Länder, also der Institutionalisierung der Demokratie. Beobachtungen der Verfassungswirklichkeit gehen bislang nicht in die Analyse ein.[17] Polity IV unterscheidet zwischen Demokratie und Autokratie, wobei Demokratie zunächst als »the opposite of autocracy« (Jaggers/Gurr 1995: 469) bezeichnet wird. Unter Demokratien versteht das Polity IV-Projekt politische Systeme, die über eine wettbewerbsorientierte politische Partizipation, offene Wahlen zur Rekrutierung der politischen Führung und eine wirksame Begrenzung der Macht der Exekutive verfügen. Autokratien schränken diese Prinzipien ein. Die Polity-Skala basiert auf der zunächst *getrennten Bestimmung* und Messung von *Kriterien für demokratische und autokratische* politische Systeme. Beide erhalten zwischen 0 und 10 Bewertungspunkte. Anschließend werden die erzielten Werte verrechnet, wobei die Punkte für die Autokratiekriterien von den Punkten für Demokratiekriterien subtrahiert werden. Als Demokratien werden Ergebnisse zwischen 6 und 10 Punkten angesehen, wobei konsistente Demokratien mindestens 8 Punkte erreichen müssen. Autokratien erhalten zwischen –6 und –10 Punkte, ab –8 Punkten sind sie konsistent. Diese Vorgehensweise ermöglicht die Beschreibung von *Mischtypen* politischer Systeme (–5 bis 5; sog. Anokratien), die die Analyse sowohl einer zeitlichen wie auch einer qualitativen Entwicklung der politischen Ordnung vor dem Hintergrund des Demokratie-Autokratie-Kontinuums gestattet. Dank der inzwischen mehrfach wiederhol-

17 Die wird in einer aktuellen Überarbeitung (Polity 5) nachgeholt, ist aber noch nicht abgeschlossen.

ten retrospektiven – bis ins 19. Jahrhundert zurückgreifenden – und aktuellen Erfassung von bis zu 161 Staaten im Datensatz Polity I–IV werden sowohl Transitionswellen als auch Veränderungen im politischen System einzelner Staaten erkennbar, solange sich diese in der Verfassung des jeweiligen Landes niederschlagen. Hilfreich sind zudem die Länderberichte mit genauen Angaben zur jeweiligen Entwicklung. Das Grundverständnis von Demokratie, das die Skala abbildet, ist stark auf die Beschränkung der Macht der Exekutive nach dem Vorbild liberaler Präsidialverfassungen ausgerichtet. Dadurch kommt es zu Verzerrungen bei der Qualitätsmessung. Ein Vergleich mit anderen Demokratiemessungen ist zu empfehlen.

Der *Index of Democracy* (ID) von Tatu Vanhanen greift im Gegensatz zu Polity IV und Freedom House, die mit Experteneinschätzungen arbeiten, auf objektive Daten zurück. Er basiert auf der Kombination von Wahlbeteiligung als Anteil der Wählenden an der Gesamtbevölkerung (Partizipation) mit dem Anteil der Wählerstimmen der größten Partei bei nationalen Wahlen (Wettbewerb). Die Berechnungsformel für den Index lautet

$$ID = P \cdot C/100$$

mit Partizipationsgrad P = (Wahlbeteiligung/Bevölkerungszahl) · 100 und Wettbewerbsgrad C = 100 – Stimmenanteil der stärksten Partei (Vanhanen 1990: 41).

Die Daten erlauben zum Teil einen Rückgriff bis zu den ersten freien Wahlen der erfassten Länder.[18] Der Index unterscheidet trennscharf zwischen Demokratie und Autokratie: Durch die Multiplikation beider Indikatoren, die beide den Wert Null annehmen können, ist eine klare Differenzierung zwischen Demokratie und Nicht-Demokratie möglich. Da beide Indikatoren gleichermaßen für eine funktionierende Demokratie unerlässlich sind, kann das Fehlen oder die Schwäche eines Faktors nicht durch den anderen kompensiert werden (Vanhanen 2000: 191–192).

18 Daten ab 1820 sind unter ourworldindata.org zu finden [Zugriff: 13.04.2021].

Der Index *Democracy-Dictatorship* (DD) hat die Identifikation und Unterscheidung zwischen Demokratien und Autokratien noch verfeinert. Nach seiner minimalistischen, prozeduralen Demokratiedefinition gilt ein politisches System dann als Demokratie, wenn der Regierungschef durch direkte oder indirekte Volkswahl bestimmt wird, die Legislative ebenfalls vom Volk gewählt ist, mehr als eine Partei an diesen Wahlen teilnimmt und ein Machtwechsel unter identischer Wahlgesetzgebung stattgefunden hat. Jedes Kriterium wird je nach Grad der Erfüllung mit einem Punktwert versehen. Der Index klassifiziert 202 Länder zwischen 1946 und 2008 als Demokratien – und in dieser Kategorie als parlamentarisch, semi-präsidentiell und präsidentiell – bzw. als Autokratien – die weiter als Militär- oder Zivilregime und Monarchien unterteilt werden.

Qualitätsunterschiede von Ländern im Transformationsprozess lassen sich anhand des *Bertelsmann Transformation Index* (BTI) bestimmen. Dazu werden zwei Subindizes, der Status-Index (Status politischer Transformation und Status wirtschaftlicher Transformation) und der Governance-Index (Governance-Performanz), gebildet. Für die Bewertung des politischen Systems wird der Demokratie-Status (= Status politischer Transformation) herangezogen. Damit politische Systeme überhaupt einen Transformationsprozess durchlaufen können, muss die Staatlichkeit – das Gewaltmonopol und die grundlegenden Verwaltungsstrukturen – etabliert sein. Zum Demokratie-Status gehören auch die Bewertung der Rechtsstaatlichkeit, insbesondere der Gewaltenteilung, und die Verfolgung von Amtsmissbrauch. Der Grad der Konsolidierung wird mithilfe der Akzeptanz des politischen Systems durch die Bürger:innen, der Fähigkeit, ein breites Interessenspektrum zu repräsentieren, und der politischen Kultur bewertet.

Da die etablierten Demokratien fast alle den Maximalwert des BTI erhalten würden, hat die Bertelsmann Stiftung die *Sustainable Governance Indicators* (SGI) entwickelt. Sie bestimmen anhand erweiterter und auf etablierte Demokratien zugeschnittenen Indikatoren die Qualitätsunterschiede der »nachhaltigen Governance« von 41 EU- und OECD-Ländern. Der normative Referenzpunkt der SGI ist eine repräsentative Demokratie, die durch vier Dimensionen – Wahlprozess, Zugang zu Informationen, bürgerliche Rechte und politische Freiheiten sowie Rechtsstaatlichkeit – abgesteckt werden. BTI und SGI lassen sich nicht kombinieren.

Beide Indizes beruhen auf quasi-objektiven Einschätzungen durch Expert:innen, die die Länder anhand eines Fragekatalogs bewerten. Die Ergebnisse durchlaufen ein mehrstufiges, transparentes Peer-Review-Verfahren über ein Intra-Regional-Review durch eine:n Regional-Koordinator:in und ein Inter-Regional-Review der Regional-Expert:innen bis hin zum Directional Board aus Expert:innen, die alle Ergebnisse vergleichen und kalibrieren. Zusätzlich zu den Daten liegen für beide Indizes detaillierte Länderberichte vor.

Der Index *Varieties of Democracy* (V-Dem) dient der Messung »feiner Unterschiede« der Qualität politischer Systeme. Ein Teil der Indikatoren liefert prozessproduzierte, objektive Daten, ein Teil wird von fünf Expert:innen pro Land bewertet. Anhand von mehr als 470 Indikatoren können zahlreiche Subindizes und fünf Formen von Demokratie bestimmt werden – elektoral, liberal, partizipativ, deliberativ und egalitär. Die vergebenen Werte reichen von 0 (keine Demokratie) bis 10 (perfekte Demokratie).

Elektorale Demokratien werden durch die Basisindikatoren einer Demokratie beschrieben: Die Herrschenden verhalten sich gegenüber den Beherrschten responsiv, weil sie in einem freien politischen Wettbewerb um die Stimmen der Wähler:innen konkurrieren müssen. Die Wahlen sind frei und fair und werden nicht durch Betrug oder systematische Unregelmäßigkeiten beeinträchtigt. Sie entscheiden über die Zusammensetzung der Legislative. Politische und gesellschaftliche Organisationen sind in ihrer Tätigkeit nicht eingeschränkt. Zwischen den Wahlen besteht Meinungs-, Presse- und Informationsfreiheit. V-Dem versteht die Erfüllung der Kriterien einer elektoralen Demokratie als zentrales Element für jedes andere Konzept von Demokratie – ohne freie Wahlen kann kein politisches System als Demokratie klassifiziert werden.

Liberale Demokratien betonen den Schutz individueller und Minderheitenrechte gegen die Tyrannei des Staates und der Mehrheit. Liberale Demokratien werden »negativ« über die Beschränkung der Regierungsmacht definiert. Dazu bedarf es bürgerlicher Freiheiten, eines starken Rechtsstaates, einer unabhängigen Gerichtsbarkeit und effektiver Gewaltenteilung (*checks and balances*). Dies alles muss in der Verfassung festgeschrieben sein und im Zusammenspiel die Ausübung exekutiver Macht begrenzen.

Die Qualität *partizipativer* Demokratien bestimmt sich über die aktive politische Beteiligung der Bürger:innen an allen politischen Prozessen in und außerhalb von Wahlen. Sie ist durch die kritische Ergänzung der grundlegenden Praxis der Wahldemokratie motiviert: der Delegierung von Autorität an Vertreter:innen. Wo immer möglich, wird eine direkte Machtausübung der Bürger:innen bevorzugt. Das Modell der partizipativen Demokratie sieht das Wahlrecht als selbstverständlich an und betont das Engagement in zivilgesellschaftlichen Organisationen, in der direkten Demokratie und in subnationalen gewählten Gremien.

Deliberative Demokratien fokussieren den Entscheidungsfindungsprozess. Im deliberativen Prozess motiviert die öffentliche, auf das Gemeinwohl ausgerichtete Argumentation politische Entscheidungen – im Gegensatz zu emotionalen Appellen, solidarischen Bindungen, unpolitischen Interessen oder Nötigung. Eine deliberative Demokratie geht über die Aggregation bestehender Präferenzen hinaus, sie bedarf eines respektvollen Dialogs auf allen politischen Ebenen – von der Präferenzbildung bis zur endgültigen Entscheidung – unter informierten und kompetenten Teilnehmer:innen.

Egalitäre Demokratien sind dann gegeben, wenn a) die Rechte und Freiheiten des Einzelnen in allen sozialen Gruppen gleich geschützt sind, b) die Ressourcen gleichmäßig auf alle sozialen Gruppen verteilt sind und c) Gruppen und Einzelpersonen den gleichen Zugang zur Macht haben. Dadurch soll verhindert werden, dass materielle und immaterielle Ungleichheiten die Ausübung formaler Rechte und Freiheiten behindern und die Fähigkeit der Bürger:innen zur Teilnahme einschränken. Als Beispiel für die Entwicklung der fünf Demokratiemodelle werden die jeweiligen Werte von Ungarn im Zeitverlauf verglichen (► Abb. 6.2).

Das Beispiel Ungarn wird im Folgenden nochmals aufgegriffen. Gut erkennbar sind dort die Versuche einer Demokratisierung nach dem Ersten und dem Zweiten Weltkrieg und die sich anschließende vollständige Unterdrückung von bürgerlichen, politischen, partizipativen und deliberativen Freiheiten bei einer Betonung von auf soziale Gleichheit abzielenden Rechten während der sozialistischen Zeit. Nach dem Umbruch 1990 ist der Qualitätssprung aller, aber insbesondere der elektoralen und liberalen Komponenten der Demokratie zu sehen. Seit der Wahl Viktor

Orbans und seiner Partei FIDESZ-MPP 2008 erleiden sämtliche Komponenten der Demokratie massive Qualitätsverluste, so dass Ungarn im Jahr 2019 zwar gerade noch die Kriterien einer elektoralen Demokratie erfüllt, aber hinsichtlich aller anderen Anforderungen nicht mehr als vollständig freiheitliche Demokratie bezeichnet werden kann.

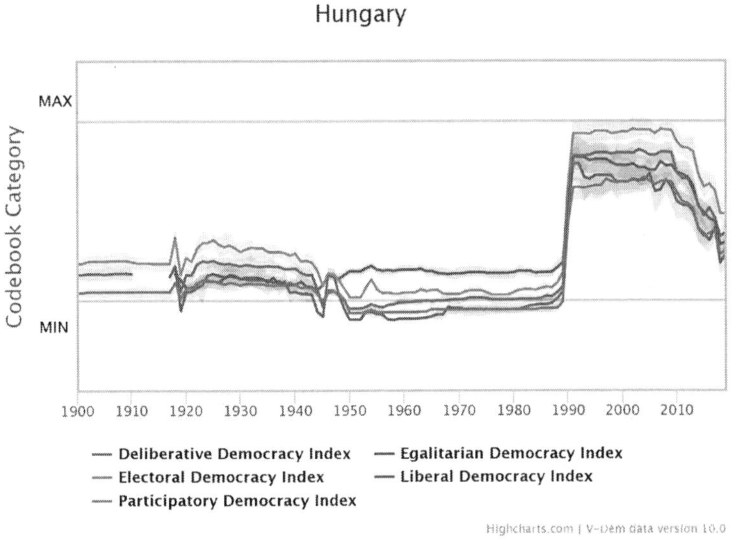

Abb. 6.2: Demokratiequalität nach V-Dem 2020 – Ungarn. Man bemerke die gleichförmige Entwicklung der unterschiedlichen Indizes.

Die *Demokratiematrix* bedient sich einer prozeduralen Demokratiedefinition. Sie ermittelt auf der Basis von drei Dimensionen und fünf Institutionen ein Demokratieverständnis mittlerer Reichweite. Die Dimensionen politische Freiheit, politische Gleichheit sowie politische und rechtliche Kontrolle bilden das Demokratiekonzept nach Lauth (2004: 100) ab. Die Institutionen Entscheidungsverfahren, Intermediäre Vermittlung, Kommunikation bzw. Öffentlichkeit, Rechtsgarantie sowie Regelsetzung und -anwendung erfüllen innerhalb der Dimensionen unterschiedliche Funktionen. Daraus lässt sich eine Fünfzehn-Felder-Matrix bilden, die die Kriterien der Demokratiemessung enthält.

Tab. 6.1: Demokratiematrix

	Freiheit	Gleichheit	Kontrolle
Entscheidungsverfahren	Freie Wahlen	Gleiche Partizipationschancen, Stimmengleichheit	Kontrolle durch Wahlkommission
Intermediäre Vermittlung	Organisationsfreiheiten	Gleiche Organisations- und Handlungsrechte	Kontrolle durch Verbände, Parteien und Zivilgesellschaft
Kommunikation und Öffentlichkeit	Kommunikationsfreiheiten	Gleiche Beteiligungschancen	Kontrolle durch Medien
Rechtsgarantie	Unabhängigkeit der Justiz, Rechtssicherheit	Gleiche Rechte und Gleichbehandlung durch die Justiz	Effektive Rechtsprechung
Regelsetzung und -anwendung	Unabhängigkeit und Effektivität der Regierung	Gleiche Behandlung durch Parlament und Verwaltung	Kontrolle durch Parlament und Verwaltung

Quelle: nach Lauth 2020 und www.demokratiematrix.de.

Auf der Basis der Daten von V-Dem bietet die Demokratiematrix ein Online Tool zur (vergleichenden) Analyse der Demokratiequalität von ca. 200 Ländern zwischen 1900 und 2020 sowie ihrer Typisierung in Demokratien, hybride Regime und Autokratien.

Die Online-Analyse ermöglicht vielfältige Darstellungen von (vergleichenden) Länderprofilen als Längsschnitt (über die Zeit) und als Querschnitt (Zeitpunktvergleich). Sie ist intuitiv zu verstehen und für Darstellungen in wissenschaftlichen Arbeiten gut geeignet.

Der *Democracy Barometer* (DB) Index bewertet ausschließlich Demokratien und setzt auf einen breit aufgefächerten Analysebaum aus den Prinzipien Freiheit, Kontrolle und Gleichheit, die in Komponenten (Funktionen) und Subkomponenten aufgespalten werden. Für das Prinzip Freiheit stehen die Komponenten individuelle Freiheiten, Rechtsstaatlichkeit und Öffentlichkeit, für das Prinzip Kontrolle die Komponenten Wettbewerb, Gewaltenkontrolle und Regierungsfähigkeit und

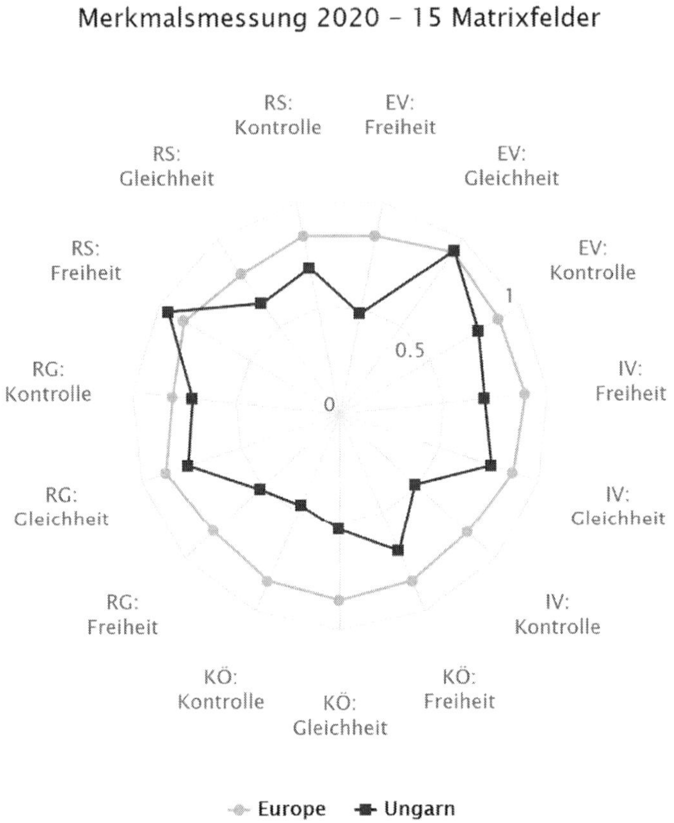

Abb. 6.3: Demokratiematrix nach Lauth (2020) und www.demokratiematrix.de. EV: Entscheidungsverfahren; IV: Intermediale Vermittlung; KÖ: Kommunikation und Öffentlichkeit; RG: Rechtsgarantie; RS: Regelsetzung und -anwendung.

für das Prinzip Gleichheit die Komponenten Transparenz, Partizipation und Repräsentation. Der Index weist eine starke inhaltliche Nähe zur *embedded democracy* von Wolfgang Merkel auf (▸ Kap. 3). Derzeit liegen Daten über 105 Indikatoren für 30 Kernländer (»Blueprint«) und 40 weitere Demokratien (»extended dataset«) zwischen 1990 und 2016 vor. Die Daten sind noch vollständig abrufbar, die Online-Tools zur Datenaufbereitung wurden in den letzten Jahren leider aufgegeben.

Die Weltbank erhebt mit ihren *Worldwide Governance Indicators* (WGI) sechs Indikatoren für über 200 Länder und Territorien über den Zeitraum zwischen 1996 bis 2018. Governance basiert auf den Traditionen und Institutionen, durch die in einem Land Autorität ausgeübt wird. Das umfasst den Prozess, durch den die Regierungen ausgewählt, kontrolliert und ausgetauscht werden, die Fähigkeit der Regierung, eine solide Politik zu formulieren und wirksam durchzusetzen, und den Respekt der Bürger:innen und staatlicher Akteure vor den Institutionen, die wirtschaftliche und politische Interaktionen zwischen den Bürger:innen regeln. Die Indikatoren zur Messung von Governance sind Mitsprache und Verantwortlichkeit, politische Stabilität und Abwesenheit von Gewalt, Regierungseffektivität, Regulierungsqualität, Rechtsstaatlichkeit, Kontrolle von Korruption. Sie werden aus den Antworten einer Vielzahl von Unternehmens-, Bürger:innen- und Expertenbefragungen zusammengefügt und aus 30 einzelnen Datenquellen von Umfrageinstituten, Think Tanks, NGOs, internationalen Organisationen und Privatunternehmen gewonnen. Die Daten können online verwertet werden.

Der *EIU Democracy Index* wird von der Intelligence Unit des Magazins »The Economist« entwickelt und erhoben. Der Demokratie-Index bietet für 2019 ein Maß für den Zustand des politischen Systems zwischen Demokratie und Autokratie in 165 Staaten und Territorien. Als Indikatoren werden der Wahlprozess und Pluralismus, bürgerliche Freiheiten, Funktionsfähigkeit der Regierung, politische Partizipation und politische Kultur herangezogen. Der Index wird in letzter Zeit häufig in der medialen Berichterstattung zur Illustration der Demokratieentwicklung verwendet. Er leidet aber ganz erheblich an ungenügender Transparenz und mangelnder Trennschärfe der Indikatoren. Zusätzlich zum Datenmaterial bietet der EIU Democracy Index detaillierte Länderberichte an. Die Indizes basieren auf unterschiedlichen Datenarten: Einige entstehen durch eine Bewertung von Expert:innen anhand standardisierter Fragen, einige verrechnen ausschließlich prozessproduzierte Daten, wieder andere berücksichtigen auch Ergebnisse von Umfragedaten.

»Die Frage ›Wie demokratisch sind Demokratien?‹ erschließt sich damit nicht zuletzt durch eine Beantwortung der Frage ›Wie gut messen die Instrumente?‹« (Müller/S. Pickel 2007).

Tab. 6.2: Messinstrumente im Vergleich

Index	Webseite	Messung
Polity IV	www.systemicpeace.org/polityproject.html	Demokratie vs. Autokratie; Verhältnis von Legislative und Exekutive
Democracy-Dictatorship (DD)	sites.google.com/site/joseantoniocheibub/datasets/democracy-and-dictatorship-revisited	Machtwechsel sowie Bestimmung von Exekutive und Legislative durch freie Wahlen der Bürgerschaft, Parteienwettbewerb
Index of Democracy (ID)	www.fsd.uta.fi/en/data/catalogue/FSD1289/meF1289e.html	Partizipation und Wettbewerb
Freedom House	freedomhouse.org/report/freedom-world/freedom-world-2016	Bürgerliche Rechte und politische Freiheiten
Bertelsmann Transformation Index (BTI)	www.bti-project.org/de/startseite	Teilindex »Politische Transformation«: Staatlichkeit, politische Partizipation, Rechtsstaatlichkeit, Stabilität demokratischer Institutionen, politische und gesellschaftliche Integration
Sustainable Governance Indicators (SGI)	www.sgi-network.org	Wahlprozess, Zugang zu Informationen, bürgerliche Rechte, politische Freiheiten, Rechtsstaatlichkeit
Varieties of Democracy (V-Dem)	www.v-dem.net/en/data/data-version-9	fünf Formen von Demokratie: elektoral, liberal, partizipatorisch, deliberativ, egalitär
Demokratiematrix	www.demokratiematrix.de	Dimensionen: Freiheit, Gleichheit und Kontrolle; Institutionen: Entscheidungsverfahren, Intermediäre Vermittlung, Kommunikation bzw. Öffentlichkeit, Rechtsgarantie sowie Regelsetzung und -anwendung

Tab. 6.2: Messinstrumente im Vergleich – Fortsetzung

Index	Webseite	Messung
Democracy Barometer (DB)	www.democracy barometer.org	Freiheit, Gleichheit und Kontrolle
Worldwide Government Indicators (WGI)	info.worldbank.org/governance/wgi	Mitsprache und Verantwortlichkeit, politische Stabilität und Abwesenheit von Gewalt, Regierungseffektivität, Regulierungsqualität, Rechtsstaatlichkeit, Kontrolle von Korruption
EIU Democracy Index	www.eiu.com/topic/democracy-index	Wahlprozess und Pluralismus, bürgerliche Freiheiten, Funktionsfähigkeit der Regierung, politische Partizipation, politische Kultur

Quelle: eigene Zusammenstellung.

6.3 Freedom House als Beispiel einer Systembestimmung mit Qualitätsabstufungen

Welches Demokratieverständnis liegt dem Freedom House-Index zugrunde?

Für eine valide und reliable Messung sind in einem deduktiven Verfahren Indikatoren aus einer zugrunde gelegten (Demokratie-)Theorie abzuleiten. Freedom House ermittelt numerische Werte für politische Rechte (*political rights*) und bürgerliche Freiheiten (*civil liberties*). Die Indikatoren leiten sich aus der Allgemeinen Menschenrechtserklärung der Vereinten Nationen von 1948 ab. Die Bewertung in *Freedom in the World* geht davon aus, dass diese Standards für alle Länder und Territorien gelten, unabhängig davon, wo auf der Welt sie sich befinden, wie sie ethnisch oder religiös zusammengesetzt sind oder welches wirtschaftliche Entwicklungsniveau sie haben. »*Freedom in the World* operates from the assumption that freedom for all people is best achieved in liberal democratic societies.«[19] Freedom House misst eigentlich nicht den Grad oder die Qualität von Demokratien oder Autokratien, sondern die Verwirklichung von Werten und Normen, die in liberalen, d. h. freiheitlichen Demokratien am umfassendsten respektiert und für alle Bewohner:innen dieser Staaten umgesetzt werden. Institutionen und Akteure des staatlichen und des nicht-staatlichen Sektors können die Verwirklichung von politischen Rechten und bürgerlichen Freiheiten beschränken. Daher genügt eine Überprüfung gesetzlicher Garantien und politischer Institutionen nicht, die Umsetzung bestimmt den Grad der Freiheiten und die Qualität der Demokratie.

Wie werden die Messwerte des Freedom House-Index bestimmt?

Auf der Basis der Einschätzungen von 125 Analyst:innen und 40 Berater:innen werden für das Jahr 2020 (Messung zwischen 1. Januar 2019 und 31. Dezember 2019) 195 Länder und 15 Territorien bewertet. Dazu werden den Expert:innen 25 Indikatoren vorgelegt. Für die Indikatoren vergeben die Expert:innen zwischen 0 (geringster Freiheitsgrad) und 4 Punkten (höchster Freiheitsgrad). Daraus ergibt sich ein maximaler Additionswert von 100 (*score*). Die Indikatoren sind den Kategorien »politische Rechte« (0–40 Punkte) und »bürgerliche Freiheiten« (0–60 Punkte) zugeordnet.[20] Innerhalb der Kategorie »politische Rechte« sind die Indikatoren unterteilt in Fragen

a) zum Wahlprozess,
b) zum politischen Pluralismus und zur Partizipation,

---

19 freedomhouse.org/reports/freedom-world/freedom-world-research-methodology [Zugriff: 02.04.2021].

20 Der Score wird außerdem negativ (–1 bis –4), wenn alle oder nahezu alle Fragen zu den politischen Rechten mit 0 bewertet werden und gleichzeitig die zusätzliche Ermessensfrage zur absichtsvollen ethnischen Umgestaltung des Landes durch die Regierung negativ ausfällt.

c) zur Arbeitsweise der Regierung.
d) Dazu kommt eine Ermessensfrage nach einer absichtsvollen ethnischen Umgestaltung des Landes durch die Regierung.

Die Indikatoren der Kategorie »bürgerliche Freiheiten« beziehen sich auf

a) Freiheit der Meinungsäußerung und des Glaubens,
b) Versammlungs- und Organisationsrechte,
c) Rechtsstaatlichkeit,
d) Persönliche Autonomie und individuelle Rechte.

Beide Kategorien gehen gleichgewichtet in den Gesamtwert ein, der die Zuordnung des jeweiligen politischen Systems zur Statusbewertung (*status*) als »frei« (Werte 1 bis 2,5), »teilweise frei« (3 bis 5) oder »nicht frei« (5,5 bis 7) bestimmt (▶ Tab. 6.3). Diese Werte werden seit 2020 nicht mehr ausgewiesen, sind aber in der Datendokumentation noch enthalten.

Zusätzlich zum *score* und *status* bezeichnet Freedom House diejenigen Länder als »elektorale Demokratien«, die für die Subkategorie »Wahlprozess« mindestens 7 von 12 Punkten, eine Gesamtpunktzahl für politische

Tab. 6.3: Umrechnungstabelle *Scores* zu *Status*

		Skala der politischen Rechte (Political Rights Score)						
		0–5	6–11	12–17	18–23	24–29	30–35	36–40
Skala der bürgerlichen Freiheiten (Civil Liberties Score)	53–60	PF	PF	PF	F	F	F	F
	44–52	PF	PF	PF	PF	F	F	F
	35–43	PF	PF	PF	PF	PF	F	F
	26–34	NF	PF	PF	PF	PF	PF	F
	17–25	NF	NF	PF	PF	PF	PF	PF
	8–16	NF	NF	NF	PF	PF	PF	PF
	0–7	NF	NF	NF	NF	PF	PF	PF

F = Free, PF = Partly Free, NF = Not Free. Quelle: www.freedomhouse.org.

Rechte von mindestens 20 von 40 Punkten und für bürgerliche Freiheiten von mindestens 30 von 60 Punkten erhalten. Elektorale Demokratien sind nicht mit liberalen Demokratien gleichzusetzen. Diese sind stets elektorale Demokratien, jenen können bestimmte Elemente der liberalen Demokratie ganz oder teilweise fehlen.[21]

Welche Sachverhalte sind aus dem Index abzulesen?

Auf der Basis dieser Aggregation der Bewertung der Länder und Territorien wird eine Karte erstellt, die zeigt, wie freie, teilweise freie und nichtfreie Länder verteilt sind. Freie Länder finden sich zumeist in der sogenannten »westlichen Welt«, während politische Rechte und bürgerliche Freiheiten in Asien und Afrika z. T. stark eingeschränkt sind. Unser Beispielland Ungarn fällt gleich zweifach aus dem Rahmen: Zum einen ist es das einzige Land der mittelosteuropäischen Transitionsstaaten, dessen politisches System keine liberale Demokratie ist, zum anderen ist es das einzige EU-Mitgliedsland, das nicht in die höchste Status-Kategorie von Freedom House fällt.

Zieht man eine Bilanz aus Freiheitsgewinnen und -verlusten über die letzten 14 Jahre (seit 2005), so fällt auf, dass alle Kategorien der politischen Freiheiten und bürgerlichen Rechte von einer Verschlechterung betroffen sind. In Europa fallen die Werte durchweg niedriger aus als noch 2005. Besonders hoch ist die negative Bilanz in Eurasien, Subsahara-Afrika und im Mittleren Osten bzw. Nordafrika. In dieser Region sind lediglich Fortschritte im Bereich der Wahlprozesse zu verzeichnen. Eine leicht positive Bilanz ist für Asien und den pazifischen Raum festzustellen. Insgesamt werden politische Freiheitsrechte zunehmend eingeschränkt, die Zahl der liberalen Demokratien wird ein klein wenig geringer (▶ Kap. 4).

---

21 freedomhouse.org/reports/freedom-world/freedom-world-research-methodology [Zugriff: 02.04.2021].

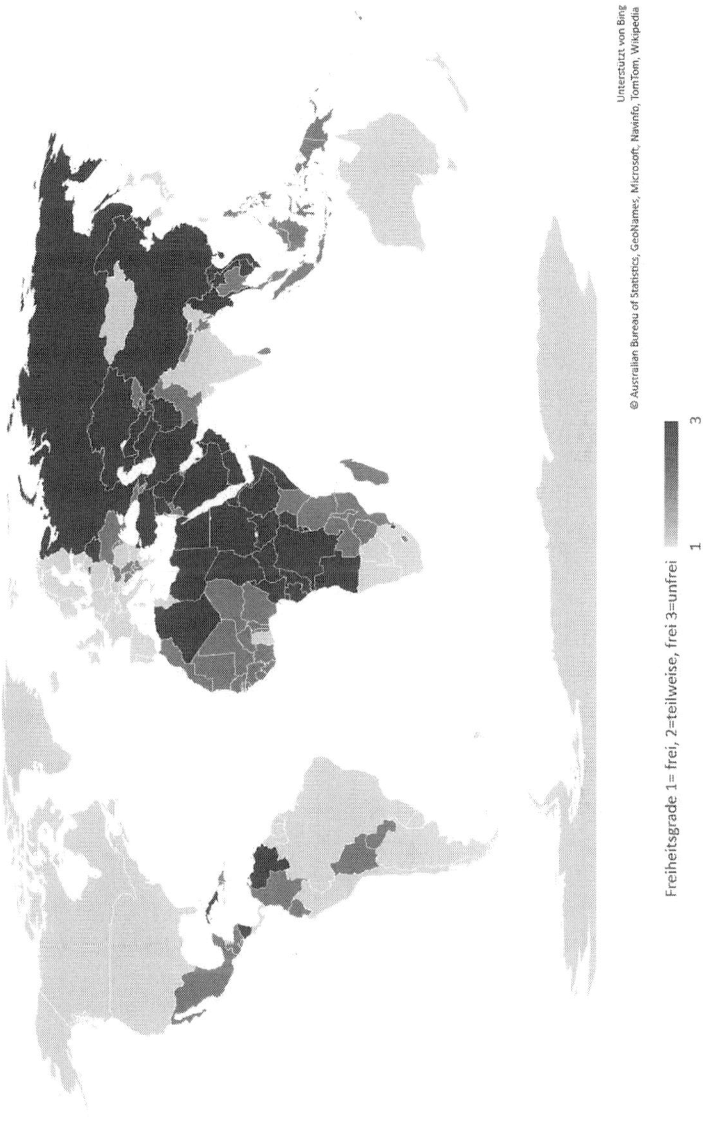

Abb. 6.4: Demokratiestatus weltweit. Eigene Darstellung nach www.freedomhouse.org.

Weitere Berichte von Freedom House widmen sich der Freiheit des Internets,[22] den Staaten im Übergang[23] und der Medienfreiheit,[24] teils mit eigenen Bewertungen anhand weiterer Indikatoren.

Fazit: Wie ist die Messqualität des Freedom House-Indexes einzuschätzen?

Im vorangegangenen Kapitel haben wir die Messqualität besprochen. Wie ist der Freedom House-Index vor diesen Kriterien zu bewerten? Das Demokratieverständnis des Freedom House Index richtet sich umfassend auf die Auswirkungen aller relevanten Merkmale einer liberalen Demokratie. Die Quellenbasis der Informationen ist durch die Arbeit mit Länderexpert:innen und NGO-Berichten sehr breit und heterogen. Die aggregierten Werte von Freiheit, teilweiser Freiheit oder Unfreiheit werden anhand zweier getrennter Skalen bestimmt, die jeweils ein Konzept von Rechten und Freiheiten messen. Somit wird geprüft, ob die Menschen in den einzelnen Staaten in der Lage sind, ihre demokratischen Rechte auszuüben.

Negativ sind v. a. folgende Punkte anzumerken: Ob die Indikatoren stets den Sachverhalt messen, den sie messen sollen (Validität), kann nicht belegt werden. Durch die Experteneinschätzung und die uneindeutige Quellenlage, aus der diese ihre Informationen beziehen, muss die Reliabilität ihrer Bewertungen im Vergleich über alle Länder angezweifelt werden. Um Reliabilität zu erreichen, sind theoretische Vorüberlegungen zur Aggregationsregel unerlässlich. Indes bleibt Freedom House auch in dieser Hinsicht defizitär: Das kurze Zitat am Anfang dieses Kapitels gibt die theoretische Prämisse wieder – Freiheit ist gleich Demokratie.

Freedom House hat seinen Index *Freedom of the World* in den letzten Jahren überarbeitet. Er ist nun besser nachvollziehbar, die Fragen werden transparent aufgelistet und die Bewertung in disaggregierter Form

22 Freedom on the Net; freedomhouse.org/countries/freedom-net/scores [Zugriff: 02. 02.2021].

23 Nations in Transit; freedomhouse.org/report/nations-transit [Zugriff: 02.02.2021].

24 Freedom and the Media; freedomhouse.org/report/freedom-and-media/2019/media-freedom-downward-spiral [Zugriff: 02.04.2021].

dargestellt. So kann er als Übergang zwischen den Gradmessern und den Qualitätsmessern der Demokratie bezeichnet werden.

6.4 Nur ein wenig demokratisch? Unterschiede im Grad und in der Qualität von Demokratie

Freedom House (2.940.000 Ergebnisse in Google Scholar), Polity IV (329.000) und V-Dem (22.800) gehören zu den am häufigsten in der Wissenschaft zitierten Maßen zur Bestimmung politischer Systeme und deren Qualität. Sie können anhand ausgewählter Länder verglichen und ihre Unterschiede in der Beurteilung erkennbar gemacht werden.

Wir hatten eingangs das Beispiel Ungarn ausgewählt. Es eignet sich aus unserer Sicht besonders gut, um Bewegungen und Differenzen sowie deren Messung aufzuzeigen. Ungarn ist das einzige Mitgliedsland der EU, das bei Freedom House lediglich den Status »partly free« erhält. Bei V-Dem (Index »liberale Demokratie«) wird der Schwellenwert 0,5 verfehlt, der über eine lediglich elektorale Demokratie hinaus auch eine liberale Demokratie attestieren würde. Lediglich bei Polity IV wird Ungarn noch der Status einer uneingeschränkten Demokratie eingeräumt, was bedeutet, dass die Verfassungsänderungen die Kriterien von Polity IV für demokratische politische Ordnungen nicht verletzen. Aus dem Vergleich wird deutlich, dass die institutionelle Ordnung in Ungarn, insbesondere die Gewaltenteilung zwischen Exekutive und Legislative, formal durchaus noch demokratischen Kriterien genügen mag, während die Ausübung politischer Rechte und bürgerlicher Freiheiten bereits deutlich eingeschränkt ist. Für das Beispiel Ungarn entspricht dieser Fakt der Verteilung der Mehrheitsverhältnisse: Die Gewaltenteilung zwischen Regierung und Parlament ist durch die Zweidrittelmehrheit der Regierungspartei FIDESZ/KDNP im ungarischen Parlament faktisch bereits so weit unterminiert, dass institutionelle Regelungen nicht mehr geändert werden müssen.

Die Corona-Pandemie im Jahr 2020 nahm der ungarische Ministerpräsident Viktor Orban zum Anlass, am 11. März 2020 mithilfe eines Notstandsgesetzes den Ausnahmezustand auszurufen. Am 23. März wurde ein Gesetz ins Parlament eingebracht, das es dem Ministerpräsidenten erlaubt, per Dekret zu regieren, geltende Gesetze außer Kraft zu setzen oder von ihnen abzuweichen. Der Ausnahmezustand wird auf unbestimmte Zeit verlängert, kann aber vom Parlament – dessen Zusammenkunft jedoch ausgesetzt ist – jederzeit beendet werden. Zudem sind Verfahren vorgesehen, die in Kraft treten, sollte das Parlament durch die Pandemie zu einer Pause gezwungen werden. Diese Regelung bezieht sich auf das Quorum im ungarischen Parlament, nach dem das Parlament nur dann entscheidungsfähig ist, wenn mindestens die Hälfte seiner Mitglieder anwesend ist. Wahlen oder Referenden werden für die Zeit des Ausnahmezustandes ausgesetzt. Die Verbreitung von Unwahrheiten oder verdrehten Tatsachen vor einer größeren Öffentlichkeit, die die Bevölkerung alarmieren oder aufstacheln könnte, wird ebenso unter hohe Strafen gestellt wie der Bruch einer angeordneten Quarantäne.[25] Der Notstand wurde am 16. Juni 2020 per Parlamentsbeschluss aufgehoben, der medizinische Krisennotstand, der Viktor Orban ebenfalls umfangreiche Dekretrechte gewährt, jedoch beibehalten.[26]

Die Folgen dieser Entwicklungen für das politische System in Ungarn können anhand der Indizes objektiv analysiert, abgeschätzt und beurteilt werden (▶ Tab. 6.4). Da die Regelungen massiv in das Prinzip der Gewaltenteilung zwischen Exekutive und Legislative eingreifen bzw. sie vollständig außer Kraft setzen, ist künftig eine deutlich negative Bewertung durch Polity IV unausweichlich. Die Eingriffe in die Meinungs- und Pressefreiheit sollte zu einer Abwertung bei Freedom House und V-Dem führen, so dass anhand dieser Daten die Prognose abgegeben werden kann, dass sich Ungarn über den Status einer elektoralen Autokratie auf direktem Weg in eine Autokratie befindet. Für andere Vergleichsländer stimmen die Ergebnisse der Indizes weit besser überein (Lauth et al. 2000).

---

25 Vgl. *FAZ* vom 23.3.2020; https://www.faz.net/aktuell/politik/ausland/corona-in-ungarn-viktor-orbans-fristlose-ermaechtigung-16692658.html [Zugriff: 02.04.2021].

26 Vgl. *Die Zeit* vom 16.6.2020; https://www.zeit.de/politik/ausland/2020-06/viktor-orban-ende-ausnahmezustand-ungarn-parlament [Zugriff: 02.02.2021].

Tab. 6.4: Vergleichswerte Freedom House 2019, Polity IV, V-Dem (libdem)

	Freedom House	Gesamtwert	Politische Rechte	Bürgerliche Freiheiten	Polity IV	D-Wert	A-Wert	V-Dem (libdem)
Europa								
Norwegen	F	100	40	60	10	10	0	0,87
Schweden	F	100	40	60	10	10	0	0,86
Deutschland	F	94	39	55	10	10	0	0,77
Großbritannien	F	94	39	55	8	8	0	0,8
Slowenien	F	94	39	55	10	10	0	0,77
Frankreich	F	90	38	52	9	9	0	0,77
Polen	F	84	35	49	10	10	0	0,55
Rumänien	F	83	35	48	9	9	0	0,41
Ungarn	*PF*	*70*	*27*	*43*	*10*	*10*	*0*	*0,44*
Russland	NF	20	5	15	4	5	1	0,12
Amerika								
USA	F	86	33	53	8	8	0	0,74
Costa Rica	F	91	38	53	10	10	0	0,83
Argentinien	F	85	35	50	9	9	0	0,68
Brasilien	F	75	31	44	8	8	0	0,56
Asien/Pazifik								
Australien	F	97	40	57	10	10	0	0,82
Neuseeland	F	97	40	57	10	10	0	0,81
Japan	F	96	40	56	10	10	0	0,73
Indonesien	PF	61	30	31	9	9	0	0,5
Afghanistan	NF	27	17	23	–1	1	2	0,23

Tab. 6.4: Vergleichswerte Freedom House 2019, Polity IV, V-Dem (libdem) – Fortsetzung

	Freedom House	Gesamtwert	Politische Rechte	Bürgerliche Freiheiten	Polity IV	D-Wert	A-Wert	V-Dem (libdem)
Vietnam	NF	20	3	17	–7	0	7	0,16
China	NF	10	–1	11	–7	0	7	0,06
Zentralasien								
Kirgisien	PF	39	12	27	8	8	0	kA
Usbekistan	NF	10	2	8	–9	0	9	0,09
Turkmenistan	NF	2	0	2	–8	0	8	0,06
Mittlerer Osten/Nordafrika								
Israel	F	76	33	43	6	7	1	0,57
Tunesien	F	70	32	38	7	7	0	0,68
Katar	NF	25	7	18	–10	0	10	kA
Ägypten	NF	21	7	14	–4	0	4	0,14
Iran	NF	17	7	10	–7	0	7	0,13
Saudi-Arabien	NF	7	1	6	–10	0	10	0,04
Syrien	NF	0	-3	3	–9	0	9	0,04
Subsahara-Afrika								
Ghana	F	82	35	47	8	8	0	0,53
Südafrika	F	79	33	46	9	9	0	0,36
Botswana	F	72	28	44	8	8	0	0,59
Kenia	PF	48	19	29	9	9	0	0,32
Republik Kongo	NF	20	2	18	–3	1	4	0,1
Kamerun	NF	18	7	11	–4	1	5	0,13

Quelle: Eigene Darstellung; Daten: Freedom House 2019, Polity IV 2018 (D-Wert = Demokratie-Wert; A-Wert = Autokratie-Wert), V-Dem 2018.

6.5 Fazit – Demokratiemessung als Unterscheidungshilfe

Mit der Verbreitung der Demokratie und ihrer Popularität stieg auch bei Autokrat:innen das Interesse, sich mit diesem Begriff zu etikettieren. Entsprechend wurde es notwendig, die Selbstzuschreibung »Demokratie« anhand objektiver Kriterien zu evaluieren. Einfach gesagt: Es wurde wichtig, den Qualitätsgrad der Demokratien zu bestimmen und zu klären, ob es sich überhaupt um Demokratien handelt. Um diese Auskünfte zu bekommen, entwickelten sich seit den 1980er Jahren differenzierte Methoden der Demokratiemessung. Ihr Ziel war es, in dem immer stärker als Kontinuum wahrgenommenen Geflecht zwischen Demokratie und Autokratie belastbare Kriterien zur Einordnung politischer Systeme zu entwickeln. Klassifikationen wurden zum einen auf der Basis von Erhebungen zentraler Elemente der Demokratie, zum anderen über Einschätzungen von Expert:innen vorgenommen. Sie brachten Kategorien wie Demokratien, Defekte von Demokratien, Subtypen oder hybride Regime und eben Nicht-Demokratien hervor.

Die Vielfalt der unterschiedlichen Messinstrumente sowie die Schwierigkeit, komplexe politische Systeme hinsichtlich des Demokratiegrades beurteilen zu können, führte immer wieder zu unangemessen erscheinenden Einordnungen oder auch unterschiedlichen Klassifikationen. Für eine umfassende Einschätzung der Qualität einer Demokratie oder den Zustand einer politischen Ordnung zwischen Demokratie und Autokratie empfiehlt es sich daher in der Regel, mehrere Maße heranzuziehen oder komplexe Maße zu disaggregieren. Letzteres empfiehlt sich, um die genauen Konstellationen von Freiheit, Gleichheit und Kontrolle sowie die politische Unterstützung des politischen Systems durch die Bürger:innen adäquat zu erfassen. Wichtig ist: Die Qualität einer Demokratie wird durch die Beziehungen zwischen Makroebene (Institutionen, politische Ordnung), Mesoebene (intermediäre Institutionen) und Mikroebene (Bürger:innen) bestimmt.

Damit wird deutlich, dass sich, neben dem Schwung, den die Demokratiemessung in die funktional argumentierende Demokratietheorie brachte, der Blick von Politikwissenschaftler:innen auf Demokratie gewandelt hat. Demokratien wie Autokratien und Systeme, die zwischen diesen beiden Extremen liegen, konnten nun genauer ausgedeutet und hinsichtlich ihrer Leistungen befragt werden. Gleichzeitig bekamen methodische und methodologische Debatten einen höheren Stellenwert (S. Pickel/G. Pickel 2012). So sind die zur Messung von Demokratie eingesetzten Maße auf ihre eigene Messqualität zu prüfen – messtheoretisch schlecht konzipierte Maße geben keine korrekten Qualitätseinschätzungen wieder und stellen die real existierenden politischen Verhältnisse verzerrt dar. Dabei gilt: Eine schöne illustrative Optik (Kartenmaterial, Grafiken) macht noch kein gutes Maß. Methodologie ist dabei nicht nur etwas für Empiriker:innen, sondern bringt Forscher:innen und Betrachter:innen generell dazu, die Komplexität und Vielfalt dessen, was Demokratie in der Moderne ist, besser zu verstehen und zu diskutieren.

Weiterführende Literatur

Cheibub, José Antonio/Gandhi, Jennifer/Vreeland, James Raymond (2010): Democracy and Dictatorship Revisited. *Public Choice 143/2–1*: 67–101.

Lauth, Hans-Joachim (2004): *Demokratie und Demokratiemessung. Eine konzeptionelle Grundlegung für den interkulturellen Vergleich.* Wiesbaden: VS Verlag.

Lauth, Hans-Joachim/Pickel, Gert/Welzel, Christian (2000): *Demokratiemessung. Konzepte und Befunde im internationalen Vergleich.* Wiesbaden: Westdeutscher Verlag.

Müller, Thomas/Pickel, Susanne (2007): Wie lässt sich Demokratie am besten messen? Zur Konzeptqualität von Demokratie-Indizes. *Politische Vierteljahresschrift 3*: 511–539.

Munck, Geraldo (2009): *Measuring Democracy: A Bridge Between Scholarship and Politics.* New York: Johns Hopkins University Press.

Munck, Geraldo/Verkuilen, Jay (2002): Conceptualizing and Measuring Democracy. Evaluating Alternative Indices. *Comparative Political Studies 35/1*: 5–34.

Pickel, Gert/Pickel, Susanne (2012): *Indizes in der Vergleichenden Politikwissenschaft.* Sonderheft 2 der Zeitschrift für Vergleichende Politikwissenschaft (ZfVP).

Pickel, Susanne/Müller, Thomas (2006): Systemvermessung – Schwächen der Konzepte und Verzerrungen der empirisch-quantitativen Bestimmung von Demokratie und Autokratie. In: Pickel, Gert/Pickel, Susanne (Hrsg.): *Demokratisierung im internationalen Vergleich. Neue Erkenntnisse und Perspektiven.* Wiesbaden: VS Verlag: 135–172.

Pickel, Susanne/Stark, Toralf/Breustedt, Wiebke (2015): Assessing the Quality of Quality Measures of Democracy. In: Graeff, Peter/Neumann, Robert (Hrsg.): *Quantitative Approaches to Comparative Analyses. Data Properties and their Impli-*

cations for Theory, Measurement and Modelling, Special Issue of the Journal European Political Science 14/4: 496–520.

Pickel, Susanne/Breustedt, Wiebke/Smolka, Theresia (2016): The Quality of Democracy – Making the Micro-Macro Connection. In: Kneuer, Marianne/Geißel, Brigitte/Lauth, Hans-Joachim (Hrsg.): *Measuring the Quality of Democracy: Why Include the Citizens' Perspective?*, Special Issue of the Journal International Political Science Review 37/5: 645– 655. DOI: 10.1177/0192512116641179

Pickel, Gert/Pickel, Susanne (2006): *Politische Kultur- und Demokratieforschung. Grundbegriffe, Theorien, Methoden. Eine Einführung*. Wiesbaden: VS Verlag.

7 Fazit: Demokratie als Leitbezug moderner politikwissenschaftlicher Forschung

Die verschiedenen Kapitel dieses Buches haben eines deutlich aufgezeigt: Demokratie ist ein vielfältiges und variantenreiches Herrschaftskonzept, dem sich zu entziehen in der Gegenwart schwierig ist. Selbst überzeugte Autokrat:innen möchten gerne von ihren Bürger:innen und anderen Beobachter:innen als Demokrat:innen wahrgenommen werden. Doch eine bloße Selbstzuschreibung, vielleicht noch flankiert von gut kontrollierten Wahlen, reicht nicht aus. Es gibt klare Kriterien, die ein politisches System erfüllen muss, um eine Demokratie zu sein. Allerhöchstens kann man sich so die Zuordnungen als »Fassadendemokratie« oder »elektorale Demokratie« erwerben. Freiheit, Gleichheit und Kontrolle sind die zentralen Kriterien der Demokratie – und sind sie nicht vorhanden, dann handelt es sich um eine defekte Demokratie bzw. gar keine Demokratie.

Je nach den Schwerpunkten der einzelnen Kriterien kann man ideologische Ausrichtungen der »Volksherrschaft« bestimmen. Die meisten Staaten des Westens sind auf das Konzept der *liberalen Demokratie* ausgerichtet. *Individuelle Freiheit* ist das Hauptmerkmal, das hier in den Vordergrund tritt. Dieses ist der zentrale Fluchtpunkt der Interessen vieler Menschen in den Ländern, die nach Demokratie streben, und hat die Demokratie bislang zu einem Erfolgsmodell gemacht. Gleichzeitig sind Aspekte der Gleichheit für die Konstitution einer Demokratie nicht zu unterschätzen. Zwar gibt es eine Auseinandersetzung, wie weit die Gleichheit gehen sollte, Gleichheit vor dem Gesetz ist allerdings eine unverrückbare Grundanforderung für politische Systeme, die als Demokratien gelten wollen. Rechtsstaatlichkeit und die Kontrolle der gewählten Repräsentant:innen (soweit vorhanden) komplettieren zusammen mit Beteiligungsrechten eine Demokratie. Davon abweichende Konstellationen sind schwerlich als Demokratien zu bezeichnen. Wo die Einschränkungen nicht nur gering sind, naht der Übergang in eine defekte Demokratie oder ein hybrides Regime – so er noch nicht stattgefunden hat – oder es sich bereits um eine Autokratie handelt.

Diese Zwischengrade kann man mittlerweile – mehr oder weniger gut – mithilfe der Instrumente der *Demokratiemessung* bestimmen. Selbst wenn die genutzten Kriterien sich je nach Instrument unterscheiden, eröffnet die Demokratiemessung die Möglichkeit, die Entwicklung demokratischer Eigenschaften und Prinzipien auch langfristig zu beobachten und zwischen verschiedenen Ländern zu vergleichen. Dabei dominiert ein funktionales Verständnis von Demokratie, so wie es Robert Dahl konzipiert hat. Auch hier ist die liberale Demokratie westlicher Prägung das Referenzbild. Ob andere Modelle an seine Seite treten können, ist dabei durchaus fraglich. So wie man postkoloniale und poststrukturelle Zugänge ernst nehmen muss, um sich der eigenen Perspektive und ihrer Besonderheiten klar zu werden, so gibt es trotzdem einige Grundbedingungen, die kulturübergreifend ein Land als Demokratie kennzeichnen oder eben nicht.

Demokratien stehen immer unter Druck. So fordern heute Rechtspopulist:innen Beteiligungsrechte, um ihre völkischen Vorstellungen eines Staates zu erreichen. Vertreter:innen postdemokratischer Ansätze sehen eine Drift dahin, Bürger:innen aus den Zirkeln der Macht auszuschließen. Eine demokratische politische Kultur sowie Beteiligung und eine politische Teilhabe der Bürger:innen an der Demokratie sind entscheidende Kontrafaktoren für eine Gefährdung demokratischer Werte und der Demokratie an sich. Die Demokratie ist auf die politische Unterstützung ihrer Bürger:innen angewiesen, wie auch ein entsprechendes Demokratieverständnis vorliegen sollte. Darüber hinaus benötigt die Demokratie die Partizipation ihrer Bürger:innen, selbst wenn diese politische Beteiligung politischen Eliten nicht immer zu passen scheint. Nur so, z. B. über Bürgerräte und Deliberation, ist zu verhindern, dass Demokratien mit der Zeit Defekte erleiden oder zu hybriden Regimen oder sogar zu Autokratien mutieren. Denn eines ist sicher: Die Demokratie ist kein Selbstläufer, sondern etwas, wofür man immer wieder kämpfen muss und was stetiger Bemühungen bedarf.

Diese Bemerkungen können nun nur ein Ausblick sein auf ein anderes Buch, welches die Bedeutung der Bürger:innen in und für die Demokratie diskutiert. Im Rahmen dieser knappen Darstellung dessen, was Demokratie ist, konnten wir die Rolle der Bürger:innen nicht mehr in hinreichender Form würdigen und ausdiskutieren. Es würde uns freuen, wenn sich einige der Leser:innen dieses Buches auch dafür interessieren würden.

Literatur

Abromeit, Heidrun (2002): *Wozu braucht man Demokratie? Die postnationale Herausforderung der Demokratietheorie.* Opladen: Leske+Budrich.

Abromeit, Heidrun/Stoiber, Michael (2006): *Demokratien im Vergleich. Einführung in die vergleichende Analyse politischer Systeme.* Wiesbaden: VS Verlag.

Achen, Christopher/Bartels, Larry (2016): *Democracy for Realists. Why Elections Do Not Produce Responsive Government.* Princeton: Princeton University Press.

Acemoglu, Daron/Robinson, James A. (2006): *Economic Origins of Dictatorship and Democracy.* Cambridge: Cambridge University Press.

Albrecht, Holger/Frankenberger, Rolf (Hrsg.) (2010): *Autoritarismus Reloaded. Neuere Ansätze und Erkenntnisse der Autokratieforschung.* Baden-Baden: Nomos.

Alemann, Ulrich von (2001): *Das Parteiensystem der Bundesrepublik Deutschland.* Opladen: Leske+Budrich.

Almond, Gabriel/Verba, Sidney (1980): *The Civic Culture Revisited: An Analytic Study.* Princeton: Princeton University Press.

Alonso, Sonia/Keane, John/Merkel, Wolfgang (Hrsg.) (2011): *The Future of Representative Democracy.* Cambridge: Cambridge University Press.

Alvarez, Alejandro Moreno/Welzel, Christian (2011): *How Values Shape People's Views of Democracy: A Global Comparison.* www.democracy.uci.edu/files/docs/conferences/2011/Moreno%20Welzel_Chapter.pdf [Zugriff: 4.2.2021].

Aristoteles (1989): *Politik: Schriften zur Staatstheorie.* Hrsg. und übersetzt von Franz F. Schwarz. Ditzingen: Reclam.

Aristoteles (2012): *Politik.* Hamburg: Meiner.

Barber, Benjamin R. (1984): *Strong Democracy. Participatory Politics for a New Age.* Berkeley: University of California Press.

Beck, Ulrich (1984): *Risikogesellschaft. Auf dem Weg in eine andere Moderne.* Frankfurt/Main: Suhrkamp.

Becker, Michael/Schmidt, Johannes/Zintl, Reinhard (2017): *Politische Philosophie.* Paderborn: Schöningh.

Behnke, Joachim (2009): Die politische Theorie des Rational Choice: Antony Downs. In: Brodocz, Andre/Schaal, Gary S. (Hrsg.): *Politische Theorien der Gegenwart II.* Opladen: Barbara Budrich (3. Aufl.), S. 497–528.

Behnke, Joachim/Baur, Nina/Behnke, Nathalie (2010): *Empirische Methoden der Politikwissenschaft.* Paderborn: Schöningh.

Berg-Schlosser, Dirk (2009): Long Waves and Conjunctures of Democratization. In: Haerpfer, Christian/Bernhagen, Patrick/Inglehart, Ronald/Welzel, Christian (Hrsg.): *Democratization*. Oxford: Oxford University Press, S. 41–50.

Berg-Schlosser, Dirk/de Meur, Giselle, 1994: Conditions of Democracy in Inter-War Europe: A Boolean Test of Major Hypotheses. In: *Comparative Political Studies 26/2*: 253–275.

Beichelt, Timm (2001): *Demokratische Konsolidierung im postsozialistischen Europa. Die Rolle der politischen Institutionen*. Opladen: Leske+Budrich.

Benhabib, Seyla (1995): *Selbst im Kontext.* Frankfurt/Main: Suhrkamp.

Bessette, Joseph (1980): Deliberative Democracy: The Majority Principle in Republican Government: In: Goldwin, Walter/Schambra, Walt (Hrsg.): *How Democratic Is the Constitution?* Washington: American Enterprise Institute for Public Policy Research, S. 102–116.

Bobbio, Norberto (1988): *Die Zukunft der Demokratie. Sechs Essays.* Berlin: Rotbuch Verlag.

Brooker, Paul (2009): *Non-Democratic Regimes.* Basingstoke: MacMillan.

Brodocz, Andre/Schaal, Gary (2016): *Politische Theorien der Gegenwart I.* Opladen: Barbara Budrich (4. Aufl.).

Brodocz, Andre/Schaal, Gary (2009): *Politische Theorien der Gegenwart II.* Opladen: Barbara Budrich (3. Aufl.).

Brodocz, Andre/Llanque, Marcus/Schaal, Gary (2008): *Bedrohungen der Demokratie*. Wiesbaden: VS Verlag.

Brownlee, Jason (2009): Harbringer of Democracy. Competitive Elections before the End of Authoritarianism. In: Lindberg, Staffan I. (Hrsg.): *Democratization by Elections. A New Model of Transition*. Baltimore: The Johns Hopkins University Press, S. 128–147.

Brownlee, Jason (2007): *Authoritarism in the Age of Democratization.* Cambridge: Cambridge University Press.

Buchstein, Hubertus (2016): *Typen moderner Demokratietheorien. Überblick und Sortierungsvorschlag.* Wiesbaden: Springer VS.

Buchstein, Hubertus/Jörke, Dirk (2007): Deliberative Demokratie. In: Fuchs, Dieter/Roller, Edeltraud (Hrsg.): *Lexikon Politik. Hundert Grundbegriffe*. Stuttgart: Reclam, S. 35–38.

Bunce, Valerie/Wolchik, Sharon L. (2009): Oppositions versus Dictators. Explaining Diverging Electoral Outcomes in Post-Communist Europe and Eurasia. In Lindberg, Staffan I. (Hrsg.): *Democratization by Elections. A New Mode of Transition*. Baltimore: Johns Hopkins University Press, S. 245–268.

Butler, Judith (1991): *Das Unbehagen der Geschlechter*. Frankfurt/Main: Suhrkamp.

Canache, Damary (2012): Citizens' Conceptualizations of Democracy: Structural Complexity, Substantive Content, and Political Significance. In: *Comparative Political Studies 45/9*: 1132–1158.

Cheibub, José Antonio/Gandhi, Jennifer/Vreeland, James Raymond (2010): Democracy and Dictatorship Revisited. In: *Public Choice 143/2–1*: 67–101.

Cho, Youngho (2015): How well are Global Citizenries Informed about Democracy? Ascertaining the Breadth and Distribution of Their Democratic Enlightenment and Its Sources. In: *Political Studies 63*: 240–258.

Collier, David/Levitsky, Steven (1997): Democracy with Adjectives. In: *World Politics 49*: 430–452.

Crick, Bernard (2002): Democracy. A Very Short Introduction. Oxford: Oxford University Press.

Croissant, Aurel (2010): Regierungssysteme und Demokratietypen. In: Lauth, Hans-Joachim (Hrsg.): *Vergleichende Regierungslehre. Eine Einführung*. Wiesbaden: VS Verlag, S. 117–139.

Dänner, Anne/Huber, Roman (2020): *Warum und wie Bürgerräte mit Losverfahren funktionieren*. www.buergerrat.de/fileadmin/downloads/broschuere_buergerrat.pdf [Zugriff: 12.05.2020].

Dahl, Robert A. (1998): *On Democracy*. New Haven: Yale University Press.

Dahl, Robert A. (1997): Development and Democratic Culture. In: Diamond, Larry et al. (Hrsg.): *Consolidating the Third Wave Democracies. Themes and Perspectives*. Baltimore: Johns Hopkins University Press, S. 34–40.

Dahl, Robert A. (1989): *Democracy and its Critics*. New Haven: Yale University Press.

Dahl, Robert A. (1971): *Polyarchy: Participation and Opposition*. New Haven: Yale University Press.

Dalton, Russel/Sin, To-Chi/Jou, Willy (2007) Understanding Democracy: Data from Unlikely Places. In: *Journal of Democracy 18/4*: 142–156.

Dalton, Russel J./Welzel, Christian (Hrsg.) (2014): *The Civic Culture Transformed. From Allegiant to Assertive Citizens*. Cambridge: Cambridge University Press.

Diamond, Larry (1999): *Developing Democracy toward Consolidation*. Baltimore: Johns Hopkins University Press.

Doorenspleet, Renske (2000): Reassessing the Three Waves of Democratization. In: *World Politics 52/3*: 384–406.

Downs, Anthony (1968): *Ökonomische Theorie der Demokratie*. Tübingen: Mohr Siebeck.

Downs, Anthony (1957): *An Economic Theory of Democracy*. New York: Stanford University Press.

Dryzek, John S. (1996): *Democracy in Capitalist Times. Ideal, Limits, and Struggles*. Oxford: Oxford University Press.

Dryzek, John (1990): *Discursive Democracy. Politics, Policy, and Political Science*. Cambridge: Cambridge University Press.

Duverger, Maurice (1980): A New Political System Model: Semi-Presidential Government. In: *European Journal of Political Research 8/2*: 165–187.

Easton, David (1979): *A System Analysis of Political Life*. New York: John Wiley.

Elsässer, Lea (2018): *Wessen Stimme zählt? Soziale und politische Ungleichheit in Deutschland*. (Schriften aus dem MPI für Gesellschaftsforschung 91). Frankfurt/Main: Campus Verlag.

Elsässer, Lea/Hense, Svenja/Schäfer, Armin (2017): ›Dem deutschen Volke?‹ Die Responsivität des Bundestags. In: *Zeitschrift für Politikwissenschaft* 27: 161–180.

Erdmann, Gero/Kneuer, Marianne (Hrsg.) (2011): *Regression of Democracy?* Special Issue der Zeitschrift für Vergleichende Politikwissenschaft. Wiesbaden: Springer VS.

Ferrin, Monica/Kriesi, Hanspeter (Hrsg.) (2016): *How Europeans View and Evaluate Democracy*. Oxford: Oxford University Press.

Foucault, Michel (1978): *Dispositive der Macht. Michel Foucault über Sexualität, Wissen und Wahrheit.* Berlin: Merve.

Fraser, Nancy (2003): *Widerspenstige Praktiken. Macht, Diskurs, Geschlecht.* Frankfurt/Main: Suhrkamp.

Freistaat Bayern (2020): *Gemeindeordnung für den Freistaat Bayern.* Art. 18: Mitberatungsrecht (Bürgerversammlung). www.gesetze-bayern.de/Content/Document/BayGO-18 [Zugriff: 12.05.2020].

Fukuyama, Francis (1992): *The End of History and the Last Man*. New York: Free Press.

Fukuyama, Francis (2014): *Political Order and Political Decay*. London: Profile Books.

Gandhi, Jennifer (2008): *Political Institutions under Dictatorship*. New York: Columbia University Press.

Gandhi, Jennifer/Przeworski, Adam (2007): Authoritarian Institutions and the Survival of the Autocrats. *Comparative Political Studies 40*: 1279–1301.

Gamson, William A. (1968): *Power and Discontent*. Homewood: Dorsey Press.

Ganghof, Steffen (2005): Normative Modelle, institutionelle Typen und beobachtbare Verhaltensmuster. Ein Vorschlag zum Vergleich parlamentarischer Demokratien. In: *Politische Vierteljahresschrift 46*: 406–431.

Gastil, John (2000): Is Face-to-Face Citizen Deliberation a Luxury or a Necessity? In: *Political Communication 17/4*: 357–361.

Geddes, Barbara (1999): What Do We Know About Democratization After Twenty Years? In: *Annual Review of Political Science* 2: 115–144.

Geißel, Brigitte et al. (2019): *Bürgerrat Demokratie. Abschlussbericht der wissenschaftlichen Evaluation.* https://www.buergerrat.de/fileadmin/downloads/evaluationsbericht.pdf [Zugriff: 04.02.2021].

Guttman, Amy/Thompson, Dennis F. (1996): *Democracy and Disagreement*. Cambridge: Belknap Press.

Habermas, Jürgen (1992): *Faktizität und Geltung*. Berlin: Suhrkamp.

Habermas, Jürgen (1981): *Theorie des kommunikativen Handelns* (Bd. 1: Handlungsrationalität und gesellschaftliche Rationalisierung; Bd. 2: Zur Kritik der funktionalistischen Vernunft). Frankfurt/Main: Suhrkamp.

Hadenius, Axel/Teorell, Jan (2007): Pathways from Authoritarism. In: *Journal of Democracy 18*: 143–156.

Held, David (1987): *Models of Democracy*. Cambridge: Cambridge University Press.

Hirschman, Albert O. (1970): *Exit, Voice, and Loyality: Responses to Decline in Firms, Organizations, and States.* Cambridge: Harvard University Press.

Hobbes, Thomas (2000): *Leviathan.* Frankfurt/Main: Suhrkamp.

Holland-Cunz, Barbara (1998): *Feministische Demokratietheorie. Thesen zu einem Projekt.* Opladen: Leske+Budrich.

Holtmann, Everhart/Voelzkow, Helmut (2000): Das Regierungssystem der Bundesrepublik Deutschland zwischen Wettbewerbsdemokratie und Verhandlungsdemokratie: Eine Einführung. In: Holtmann, Everhart/Voelzkow, Helmut (Hrsg.): *Zwischen Wettbewerbs- und Verhandlungsdemokratie. Analysen zum Regierungssystem der Bundesrepublik Deutschland.* Wiesbaden: VS Verlag, S. 9–21.

Howard, Marc Marjé/Walter, Meir R. (2015): Mass Mobilization and the Democracy Bias. In: *Middle East Policy 22/2*: 145–155

Huntington, Samuel P. (1996): K*ampf der Kulturen. Die Neugestaltung der Weltpolitik im 21. Jahrhundert.* Wien: Europa Verlag.

Huntington, Samuel P. (1991): *The Third Wave: Democratization in the Late Twentieth Century.* Norman: Oklahoma Press.

Huntington, Samuel P. (1968): *Political Order in Changing Societies.* New Haven: Yale University Press.

Inglehart, Ronald (1977): The *Silent Revolution: Changing Values and Political Styles among Western Publics.* Princeton: Princeton University Press.

Inglehart, Ronald/Welzel, Christian (2005): *Modernization, Cultural Change, and Democracy. The Human Development Sequence.* Cambridge: Cambridge University Press.

Jaggers, Kenneth/Gurr, Robert (1995): Tracing Democracies third wave with the Polity III data. In: *Journal of Peace Research 32*: 469–482.

Jellinek, Georg (1914): *Allgemeine Staatslehre.* Berlin: Verlag O. Häring.

Jörke, Dirk (2012): Demokratietheorie ohne demos. In: Nordmann, Jürgen/Hirte, Katrin/Ötsch, Walter (Hrsg.), *Demokratie! Welche Demokratie? Postdemokratie kritisch hinterfragt.* Marburg: Metropolis, S. 139–158.

Jörke, Dirk (2019): *Die Größe der Demokratie. Über die räumliche Dimension von Herrschaft und Partizipation.* Berlin: Suhrkamp.

Joseph, Gilbert M. (1980): The Fragile Revolution: Cacique Politics and Revolutionary Process in Yucatan. In: *Lantin America Research Review 15/1*: 39–63.

Kailitz, Steffen (2013): Classifying Political Regimes Revisited: Legitimation and Durability. In: *Democratization 20/1*: 38–59.

Kailitz, Steffen (2009): Stand und Perspektiven der Autokratieforschung. In: *Zeitschrift für Politikwissenschaft 3:* 437–488.

Kailitz, Steffen/Köllner, Patrick (2012): Zur Autokratieforschung der Gegenwart: Klassifikatorische Vorschläge, theoretische Ansätze und analytische Dimensionen. In: Kailitz, Steffen/Köllner, Patrick (Hrsg.): *Autokratien im Vergleich* (Politische Vierteljahresschrift Sonderheft 47). Baden-Baden: Nomos, S. 9–34.

Kailitz, Steffen/Wurster Stefan (2017): Legitimationsstrategien von Autokratien Eine Einführung. In: *Zeitschrift für Vergleichende Politikwissenschaft 11*: 141–151.

Kaiser, André (1997): Types of Democracy: From Classical to New Institutionalism. In: *Journal of Theoretical Politics 9*: 419–444.

Kollmorgen, Raj/Merkel, Wolfgang/Wagener, Hans-Jürgen (2015): *Handbuch Transformationsforschung*. Wiesbaden: Springer VS.

Köllner, Patrick (2008): Autoritäre Regime: Jüngere Entwicklungen und die Perspektiven vergleichender Forschung. In: *Zeitschrift für Vergleichende Politikwissenschaft* 2: 351–366.

Lauth, Hans-Joachim (2015): Regime in der Vergleichenden Politikwissenschaft: Autokratie und Demokratie. In: Lauth, Hans-Joachim/Kneuer, Marianne/Pickel, Gert (Hrsg.): *Handbuch Vergleichende Politikwissenschaft*. Wiesbaden: Springer VS: 123–140.

Lauth, Hans Joachim (2004): *Demokratie und Demokratiemessung*. Wiesbaden: Westdeutscher Verlag

Lauth, Hans-Joachim/Kneuer, Marianne/Pickel, Gert (Hrsg.) (2016): *Handbuch Vergleichende Politikwissenschaft*. Wiesbaden: Springer VS.

Lauth, Hans-Joachim/Pickel, Gert/Pickel, Susanne (2014): *Vergleich und Analyse politischer Systeme*. Paderborn: Schöningh.

Lauth, Hans-Joachim/Pickel, Gert/Welzel, Christian (Hrsg.) (2000): *Demokratiemessung. Konzepte und Befunde im internationalen Vergleich*. Wiesbaden: Westdeutscher Verlag.

Lehmbruch, Gerhard (1976): *Parteienwettbewerb im Bundesstaat*. Stuttgart: Kohlhammer.

Lehmbruch, Gerhard (1992): Konkordanzdemokratie. In: Schmidt, Manfred G. (Hrsg.): Die westlichen Länder. Lexikon der Politik, Bd. 3. München: Beck, S. 206–211.

Lemcke, Oliver W./Ritzi, Claudia/Schaal, Gary S. (Hrsg.) (2016): *Zeitgenössische Demokratietheorie. Bd. 2: Empirische Demokratietheorien*. Wiesbaden: Springer VS.

Lemcke, Oliver W./Ritzi, Claudia/Schaal, Gary S. (Hrsg.) (2012): *Zeitgenössische Demokratietheorie. Bd. 1: Normative Demokratietheorien*. Wiesbaden: Springer VS.

Levitsky, Steven/Way, Lucian A. (2002): Elections without Democracy: The Rise of Competitive Authoritarianism. In: *Journal of Democracy 13/2*: 51–65.

Levitsky, Steven/Way, Lucian A. (2010): *Competitive Authoritarianism. Hybrid Regimes after the Cold War*. Cambridge: Cambridge University Press.

Levitsky, Steven/Ziblatt, Daniel (2018): *How Democracies Die*. New York: Crown Publishers.

Library of Congress (2020): https://www.loc.gov/exhibits/gettysburg-address/ext/trans-nicolay-copy.html [Zugriff: 15.12.2021].

Liedhegener, Antonius/Pickel, Gert (Hrsg.) (2016): *Religionspolitik in der Bundesrepublik Deutschland. Fallstudien und Vergleiche*. Wiesbaden: Springer VS.

Lijphart, Arend (1999): *Patterns of Democracy: Government Forms and Performance in Thirty-Six Countries*. New Haven: Yale University Press.

Lijphart, Arend (1984): *Democracies: Pattern of Majoritarian and Consensus Government in Twenty-One Countries*. New Haven/London: Yale University Press.

Lijphart, Arend (1977): *Democracy in Plural Societies: A Comparative Exploration*. New Haven: Yale University Press.

Lijphart, Arend (1971): Comparative Politics and Comparative Method. In: *American Political Science Review 65/3*: 682–698.

Linz, Juan J. (2000): *Totalitäre und autoritäre Regime.* Berlin: Berliner Debatte Wissenschaftsverlag.

Linz, Juan J. (1994): Presidential or Parliamentary Democracy: Does it Make a Difference? In: Linz, Juan J./Valenzuela, Arturo (Hrsg.): *The Failure of Presidential Democracy*. Baltimore/London: Johns Hopkins University Press, S. 3–90.

Linz, Juan J. (1978): *The Breakdown of Democratic Regimes: Crisis, Breakdown, and Reequilibration.* Baltimore: Johns Hopkins University Press.

Linz, Juan J./Stepan, Alfred (1996): *Problems of Democratic Transition and Consolidation: Southern Europe, South America, and Post-Communist Europe.* Baltimore/London: Johns Hopkins University Press.

Linz, Juan J./Valenzuela, Arturo (1994) (Hrsg.): *The Failure of Presidential Democracy.* Baltimore/London: Johns Hopkins University Press.

Lipset, Seymour M. (1981): *Political Man: The Social Bases of Politics.* Baltimore: Johns Hopkins University Press.

Lipset, Seymour M. (1959): Some Social Requisites of Democracy, Economic Development and Political Legitimacy. In: *American Political Science Review 53*: 69–105.

Lipset, Seymour M./Rokkan, Stein (1967): *Party Systems and Voter Alignments. Cross-National Perspectives.* New York: Free Press.

Llanque, Markus (2003): Republikanismus – Geschichte und Bedeutung einer politischen Theorie. In: *Berliner Debatte Initial 14/1*: 3–16.

Locke, John (2000): *Zwei Abhandlungen über die Regierung.* Frankfurt/Main: Suhrkamp.

Lorenz, Astrid/Anders, Lisa H. (2020): *Illiberal Trends and Anti-EU-Politics in East-Central Europe*. Cham: Palgrave.

Luhmann, Niklas (1984): *Soziale Systeme. Grundriss einer allgemeinen Theorie.* Frankfurt/Main: Suhrkamp.

Marschall, Stefan (2014): *Demokratie*. Opladen: Barbara Budrich.

Merkel, Wolfgang (2010): *Systemtransformation. Eine Einführung in die Theorie und Empirie der Transformationsforschung.* Wiesbaden: Springer VS.

Merkel, Wolfgang/Puhle, Hans-Jürgen/Croissant, Aurel/Eicher, Claudia/Thiery. Peter (2003): *Defekte Demokratie. Bd. 1: Theorie.* Opladen: Leske+Budrich.

Merkel, Wolfgang/Kneip, Sascha (Hrsg.) (2018): *Democracy and Crisis. Challenges in Turbulent Times*. Wiesbaden: Springer VS.

Merkel, Wolfgang/Sandschneider, Eberhard/Segert, Dieter (Hrsg.) (1995): *Systemwechsel 2: Die Institutionalisierung der Demokratie*. Opladen: Leske+Budrich.

Meyer, Thomas (2009): *Was ist Demokratie?* Wiesbaden: Springer VS.

Moore, Barrington (1993): *Social Origins of Dictatorship and Democracy. Lord and Peasant in the Making of the Modern World.* Boston: Beacon Press.

Müller, Thomas/Pickel, Susanne (2007): Wie lässt sich Demokratie am besten messen? Zur Konzeptqualität von Demokratie-Indizes. In: *Politische Vierteljahresschrift 3*: 511–539.

Munck, Geraldo (2009): *Measuring Democracy: A Bridge Between Scholarship and Politics*. New York: Johns Hopkins University Press.

Munck, Geraldo/Verkuilen, Jay (2002): Conceptualizing and Measuring Democracy. Evaluating Alternative Indices. In: *Comparative Political Studies 35/1*: 5–34.

Norris, Pippa (2011): *Democratic Deficit. Critical Citizens Revisited*. Cambridge: Cambridge University Press.

O'Donnell, Guillermo/Schmitter, Philippe/Whitehead, Laurence (1986): *Transitions from Authoritarian Rule: Tentative Conclusions about Uncertain Democracies.* Baltimore: Johns Hopkins University Press.

O'Donnell, Guillermo/Schmitter, Philippe/Whitehead, Laurence (1986): *Transitions from Authoritarian Rule: Comparative Perspectives.* Baltimore: Johns Hopkins University Press.

Parsons, Talcott (1951): *The Social System*. New York: Free Press.

Pateman, Carol (1970): *Participation and Democratic Theory*. Cambridge: Cambridge University Press.

Pelinka, Anton (2004): *Grundzüge der Politikwissenschaft*. Weimar: Böhlau.

Pelinka, Anton (1972): *Dynamische Demokratie. Zur konkreten Utopie menschlicher Gleichheit*. Stuttgart: Kohlhammer.

Phillips, Anne (Hrsg.) (2001): *Feminism and Politics*. Oxford: Oxford University Press.

Pickel, Gert (2019): Auf dem Weg in die Postdemokratie? In: Wiesner, Claudia/Harfst, Philipp (Hrsg.): *Legitimität und Legitimation. Vergleichende Perspektiven*. Wiesbaden: Springer VS, S. 97–138.

Pickel, Gert (2013): Die kulturelle Verankerung von Autokratien – Bestandserhalt durch ideologische Legitimationsstrategien und ökonomische Legitimität oder Demokratisierung? In: Kailitz, Steffen/Köllner, Patrick (Hrsg.): *Autokratien im Vergleich* (Politische Vierteljahresschrift, Sonderheft 47). Baden-Baden: Nomos, S. 176–204.

Pickel, Gert (2010): Staat, Bürger und politische Stabilität: Benötigen Autokratien politische Legitimität? In: Albrecht, Holger/Frankenberger, Rolf (Hrsg.): *Autoritarismus Reloaded. Neuere Ansätze und Erkenntnisse der Autokratieforschung.* Baden-Baden: Nomos, S. 179–200.

Pickel, Gert (2009): Unausweichlichkeit der Demokratisierung oder ›Democracy Bias‹? Kulturelle Rahmenbedingungen und Faktoren der Stabilität und Instabilität politischer Regime. In: *Totalitarismus & Demokratie 6/2*: 293–322.

Pickel, Gert (2000): Subjektive und objektive Indikatoren der Demokratiemessung im Vergleich – Grundlegende Unterschiede oder gleiche Ergebnisse. In: Lauth, Hans-Joachim/Pickel, Gert/Welzel, Christian (Hrsg.): *Demokratiemessung: Konzepte und Befunde im internationalen Vergleich.* Wiesbaden: Westdeutscher Verlag, S. 242–265.

Pickel, Gert/Öztürk, Cemal (2020): The Varying Challenge of Islamophobia for the EU: On Anti-Muslim Resentments and Its Dividend for Right-Wing Populist and Eurosceptics – Central and Eastern Europe in a Comparative Perspective. In: Lorenz, Astrid/Anders, Lisa H. (2020): *Illiberal Trends and Anti-EU-Politics in East-Central Europe.* Cham: Palgrave, S. 57–80.

Pickel, Gert/Pickel, Susanne (2018): Migration als Gefahr für die politische Kultur? Kollektive Identitäten und Religionszugehörigkeit als Herausforderung demokratischer Gemeinschaften. In: Pickel, Gert/Röder, Antje/Blätte, Andreas (Hrsg.): *Migration und Integration als politische Herausforderung – Vergleichende Analysen zu politisch-kulturellen Voraussetzungen der Migrationspolitik und Reaktionen,* Special Issue der Zeitschrift für Vergleichende Politikwissenschaft 12/1: 297–320.

Pickel, Gert/Pickel, Susanne (2021). Gesellschaftlicher Zusammenhalt (in Sachsen) als Konsequenz von Sozialkapital, Responsivität und positiver Transformationsverarbeitung. In: Kailitz, Steffen/Asbrock, Frank/Greschke, Heike/Pickel, Gert/Rindermann, Sheryn/Röder, Antje/Schulze-Wessel, Julia (Hrsg.): *Handbuch Integration*. Wiesbaden: Springer VS (i. E.).

Pickel, Gert/Pickel, Susanne (2012): *Indizes in der Vergleichenden Politikwissenschaft.* Sonderheft 2 der Zeitschrift für Vergleichende Politikwissenschaft (ZfVP).

Pickel, Gert/Pickel, Susanne (Hrsg.) (2006): *Demokratisierung im internationalen Vergleich. Neue Erkenntnisse und Perspektiven.* Wiesbaden: VS Verlag.

Pickel, Susanne (2016): Konzepte und Verständnisse von Demokratie in Ost- und Westeuropa. In: Schubert, Sophia/Weiß, Alexander (Hrsg.): *Demokratie jenseits des Westens* (Politische Vierteljahresschrift, Sonderheft 51). Baden-Baden: Nomos, S. 318–342.

Pickel, Susanne (1998): Vom Totalitarismus zur Demokratie – zwei Transformationen in Deutschland: Die Bundesrepublik nach dem zweiten Weltkrieg (1949–1956) und die neuen Bundesländer nach der deutschen Vereinigung (1990–1996). In: Pickel, Susanne/Pickel, Gert/Walz, Dieter (Hrsg.): *Politische Einheit – Kultureller Zwiespalt? Die Erklärung politischer und demokratischer Einstellungen in Ostdeutschland vor der Bundestagswahl 1998*. Frankfurt/Main: Peter Lang, S. 19–58.

Pickel, Susanne/Müller, Thomas (2006): Systemvermessung – Schwächen der Konzepte und Verzerrungen der empirisch-quantitativen Bestimmung von Demokratie und Autokratie. In: Pickel, Gert/Pickel, Susanne (Hrsg.): *Demokratisierung im internationalen Vergleich. Neue Erkenntnisse und Perspektiven.* Wiesbaden: VS Verlag: 135–172.

Pickel, Susanne/Stark, Toralf/Breustedt, Wiebke (2015): Assessing the Quality of Quality Measures of Democracy. In: Graeff, Peter/Neumann, Robert (Hrsg.): *Quantitative Approaches to Comparative Analyses. Data Properties and their Implications for Theory, Measurement and Modelling*, Special Issue of the Journal European Political Science 14/4: 496–520.

Pickel, Susanne/Breustedt, Wiebke/Smolka, Theresia (2016): The Quality of Democracy – Making the Micro-Macro Connection. In: Kneuer, Marianne/Geißel, Brigitte/Lauth, Hans-Joachim (Hrsg.): *Measuring the Quality of Democracy: Why Include the Citizens' Perspective?*, Special Issue of the Journal International Political Science Review 37/5: 645– 655. DOI: 10.1177/0192512116641179

Pickel, Susanne/Pickel, Gert (2018): *Empirische Politikforschung. Einführung in die Methoden der Politikwissenschaft.* Berlin: de Gruyter.

Pickel, Susanne/Pickel, Gert (2006): *Politische Kultur- und Demokratieforschung. Gegenstand, Theorien und Methoden. Eine Einführung.* Wiesbaden: VS Verlag.

Pickel, Susanne/Pickel, Gert/Walz, Dieter (Hrsg.) (1998): *Politische Einheit – Kultureller Zwiespalt? Die Erklärung politischer und demokratischer Einstellungen in Ostdeutschland vor der Bundestagswahl 1998.* Frankfurt/Main: Peter Lang.

Plato (1950): *Res publica: Der Staat: Über das Gerechte.* Eingef. von Gerhard Krüger. Übertr. von Rudolf Rufener. Zürich: Artemis-Verlag.

Przeworski, Adam (2019): *Crisis of Democracy.* Cambridge: Cambridge University Press.

Przeworski, Adam (1998): *Deliberation and Ideological Domination.* In: Elster, Jon (Hrsg.): Deliberative Democracy. Cambridge u. a.: Cambridge University Press, S. 140–160.

Przeworski, Adam (1996): What Makes Democracies Endure? In: *Journal of Democracy 7/1*: 39–55.

Przeworski, Adam (1991): *Democracy and the Market. Political and Economic Reforms in Eastern Europe and Latin America.* Cambridge: Cambridge University Press.

Reckwitz, Andreas (2017): *Die Gesellschaft der Singularitäten: Zum Strukturwandel der Moderne.* Frankfurt/Main: Suhrkamp.

Reuchamps, Min/Suiter, Jane (Hrsg.) (2016): *Constitutional Deliberative Democracy in Europe.* Colchester: ECPR Press.

Richter, Emanuel (2004): *Republikanische Politik. Demokratische Öffentlichkeit und politische Moralität.* Reinbek: Rowohlt.

Ritzi, Claudia (2012): Politische Gerechtigkeit durch (Un-)Gleichheit? Zur feministischen Demokratietheorie. In: Lemcke, Oliver W./Ritzi, Claudia/Schaal, Gary S. (Hrsg.): *Zeitgenössische Demokratietheorie. Bd. 1: Normative Demokratietheorien.* Wiesbaden: Springer VS, S. 63–96.

Rokkan, Stein/Lipset, Seymore M. (Hrsg.) (1967): *Party System and Voter Alignments.* New York: The Free Press.

Rosanvallon, Pierre (2010): *Demokratische Legitimität. Unparteilichkeit – Reflexivität – Nähe.* Hamburg: Hamburger Edition.

Rosanvallon, Pierre (2008): *Counter-Democracy. Politics in the Age of Distrust.* Cambridge: Cambridge University Press.

Ross, Michael (2006): A Closer Look at Oil, Diamonds, and Civil War. *Annual Review of Political Science 9*: 265–300.

Ross, Michael (2001): Does Oil Hinder Democracy? In: *World Politics 53*: 325–361.

Rustow, Dankwart (1970): Transitions to Democracy: Toward a Dynamic Model. In: *Comparative Politics 2/3*: 337–363.

Salzborn, Samuel (2012): *Demokratie. Theorien, Formen, Entwicklungen.* Baden-Baden: Nomos.

Sandschneider, Eberhard (1995): *Stabilität und Transformation politischer Systeme.* Opladen: Leske+Budrich.

Sartori, Giovanni (1997): *Demokratietheorie*. Darmstadt: Primus Verlag.

Sartori, Giovanni (1965): *Democratic Theory*. New York: Praeger.

Saward, Michael (2003): *Democracy*. Cambridge: Polity Press.

Schaal, Gary (2012): Oligarchie als bessere Demokratie. Theorien der Elitendemokratie. In: Lemcke, Oliver W./Ritzi, Claudia/Schaal, Gary S. (Hrsg.): *Zeitgenössische Demokratietheorie. Bd. 1: Normative Demokratietheorien*. Wiesbaden: Springer VS, S. 445–471.

Schaal, Gary/Heidenreich, Felix (2016): *Einführung in die politischen Theorien der Moderne*. Opladen: Barbara Budrich (3. Aufl.).

Schaffer, Frederic C. (2014): Thin Descriptions: The Limits of Survey Research on the Meaning of Democracy. In: *Polity 46/3*: 303–330.

Schedler, Andreas (2013): *The Politics of Uncertainty: Sustaining and Subverting Electoral Authoritarianism*. Oxford: Oxford University Press.

Schedler, Andreas (2006): *Electoral Authoritarianism: The Dynamics of Unfree Competition*. New York: Lynne Rienner Publishers.

Schelsky, Helmut (1961): *Der Mensch in der wissenschaftlichen Zivilisation*. Wiesbaden: Springer.

Schmidt, Manfred G. (2019): *Demokratietheorien*. Wiesbaden: Springer VS (6. Aufl.).

Schmidt, Manfred G. (2010): *Demokratietheorien: Eine Einführung*. Opladen: Leske+Budrich (5. Aufl.).

Schmidt, Manfred G. (1995): *Wörterbuch zur Politik*. Stuttgart: Kröner.

Schmotz, Alexander (2014): Hybride Regime. In: Kollmorgen, Raj/Merkel, Wolfgang/Wagener, Hans-Jürgen (Hrsg.): *Handbuch Transformationsforschung*. Wiesbaden: Springer VS, S. 561–567.

Schubert, Sophia (2016): Inwiefern universal? Zum Demokratiebegriff in der vergleichenden Demokratieforschung. In: De La Rosa, Sybille/Schubert, Sophia/Zapf, Holger (Hrsg.): *Transkulturelle Politische Theorie. Eine Einführung*. Wiesbaden: Springer VS, S. 285–303.

Schubert, Sophia/Weiß, Alexander (Hrsg.) (2016): *›Demokratie‹ jenseits des Westens: Theorien, Diskurse, Einstellungen* (Politische Vierteljahresschrift Sonderheft 51). Baden-Baden: Nomos.

Schubert, Sophia (2012): *Die globale Konfiguration politischer Kulturen. Eine theoretische und empirische Analyse*. Wiesbaden: Springer VS.

Schumpeter, Joseph A. (1950): *Kapitalismus, Sozialismus und Demokratie*. Tübingen/Basel: Francke (7. Aufl.).

Schumpeter, Joseph A. (1942): *Capitalism, socialism and democracy*. New York: Harper.

Shin, Doh Chull (1994): On the Third Wave of Democratization: A Synthesis and Evaluation of Recent Theory and Research. In: *World Politics* 47: 135–170.

Shin, Doh Chull/Kim, Hannah June (2018): How Global Citizenries Think about Democracy: An Evaluation and Synthesis of Recent Public Opinion Research. In: *Japanese Journal of Political Science 19/2*: 222–249. DOI:10.1017/S1468109918000063

Shugart, Matthew S./Carey, John M. (1992): *Presidents and Assemblies. Constitutionals Design and Electoral Dynamics.* Cambridge: Cambridge University Press.

Skaaning, Svend-Erik (2020): *More State Repression in Hybrid Regimes? A Global Assessment, 1800–2016.* Paper prepared for presentation at the Workshop on Regime, State, and Development in Comparative Perspective, October 22, Aarhus University.

Smith, Benjamin (2006): The Wrong Kind of Crisis: Why Oil Booms and Busts rarely lead to Authoritarian Breakdown. *Studies in Comparative International Development 40/4*: 55–76.

Smith, Benjamin (2004): Oil Wealth and Regime Survival in the Developing World, 1960–1999. In: *American Journal of Political Science 48*: 232–246.

Steffani, Winfried (1997): Grundzüge einer politologischen Gewaltenteilungslehre. In: Steffani, Winfried (Hrsg.): *Gewaltenteilung und Parteien im Wandel.* Wiesbaden: Westdeutscher Verlag, S. 27–55.

Steffani, Winfried (1995): Semi-Präsidentialismus: ein eigener Systemtyp? Zur Unterscheidung von Legislative und Parlament. In: *Zeitschrift für Parlamentsfragen 26/4*: 621–641.

Steffani, Winfried (1979): *Parlamentarische und präsidentielle Demokratie. Strukturelle Aspekte westlicher Demokratien.* Opladen: Westdeutscher Verlag.

Stiftung Mitarbeit (2020): *Methodenbeschreibung.* https://www.buergergesellschaft.de/mitentscheiden/methoden-verfahren/buergerbeteiligung-in-der-praxis-methoden-abc/buergerrat/methodenbeschreibung/inhalt/komplettansicht/ [Zugriff: 12.05.2020].

Svolik, Milan (2008): Authoritarian Reversals and Democratic Consolidation. In: *American Political Science Review 102*: 153–168.

Teorell, Jan (2010): *Determinants of Democratization. Explaining Regime Change in the World 1972–2006.* Cambridge: Cambridge University Press.

Tocqueville, Alexis de (1986): *Über die Demokratie in Amerika.* Ditzingen: Reclam.

Tsebelis, George (2002): Veto Players. How Political Institutions Work. Princeton: University Press.

Young, Iris Marion (2000): *Inclusion and Democracy.* Oxford: Oxford University Press.

Vanhanen, Tatu (2000): A New Dataset Compared With Alternative Measurements of Democracy. In: Lauth, Hans-Joachim/Pickel, Gert/Welzel, Christian (Hrsg.): *Demokratiemessung. Konzepte und Befunde im internationalen Vergleich.* Wiesbaden: Westdeutscher Verlag, S. 184–206.

Vanhanen, Tatu (1990): *The Process of Democratization: A Comparative Study of 147 States 1980–88.* New York: Taylor & Francis.

Vatter, Adrian (2018): *Das politische System der Schweiz.* Baden-Baden: Nomos.

Vorländer, Hans (2010): *Demokratie. Geschichte – Formen – Theorien.* München: Beck.

Volwes, Jack. (1995): The Politics of Electoral Reform in New Zealand. In: *International Political Science Review 16/1*: 95–115.

Weber, Max (1988): *Gesammelte politische Schriften*. Hrsg. von Johannes Winckelmann. Tübingen: Mohr (5. Aufl).

Welzel, Christian (2003): *Fluchtpunkt Humanentwicklung: Über die Grundlagen der Demokratie und die Ursachen ihrer Ausbreitung*. Wiesbaden: Westdeutscher Verlag.

Zapf, Wolfgang (1996): Modernisierungstheorien in der Transformationsforschung. In: Beyme, Klaus von/Offe, Klaus (Hrsg.): *Politische Theorien in der Ära der Transformation*. Opladen, S. 169–181.

Zimmerling, Ruth (2003): Samuel Huntingtons demokratische Wellen – viel Lärm um Gischt? In: *Politische Vierteljahresschrift 44*: 196–216.

Abbildungsverzeichnis